思いやりが育つ保育実践

千羽喜代子・長山篤子・帆足曉子
永田陽子・青木榮子

萌文書林

はじめに　――本書ができあがるまでの研究の経緯――

　「思いやり」という言葉は、我が国では日常生活においてもよく使用される一般用語であり、日本の文化が産み出した言葉ではないでしょうか。その基本は、自分中心の志向から脱却して相手に「思いを遣る」、それは隣人愛につながるものと解することができます。

　1982年、平井信義先生が、「意欲（自主性）と思いやり（情緒）の構造とその発達」を、大妻大学家政学部紀要に掲載され、同時に同年、長山篤子が幼稚園3歳児からの個体追跡を観察法によって開始し、さらに翌年、思いやり研究会が発足しました。そして2年後（1984年）に、平井信義・須永暁子（現：帆足）の共同で、「思いやりの精神構造とその発達過程について（試論）」が同紀要に掲載されました。

　この1983年に発足しました「思いやり研究会」は、理論（仮説）を観察事例を通して修正・構築していくという姿勢で進められ、現在も存続しています。

　その第1のまとめが1999年『思いやりを育む保育』として、新曜社から発刊されました。理論編ということができましょう。その概要は本書の1章1節および2節に組み入れてありますので、ご一読くださいますことを望みます。

　この共同研究の半ばを過ぎたころから、保育実践のなかで思いやりが育つことを中心課題にする必要があるのではないか、との声があがりました。すなわち、理論の構築も大切ですが、実践と理論とは車の両輪の役割をもつことから、これまで収集してまいりました実践事例を検討することは、理論の修正にもつながることになります。また、保育現場からは、子どもの思いやりが育つにはどのような子どもの行動や状況に対して、どのように理解し、どのように教育的援助を行っていくかを示してほしいとの要望をいただき、

私たちもその実践を明らかにする必要を自覚しはじめたのです。

そこで、日本保育学会第49回大会（1996年）の報告からは、「思いやりが育つ保育」に焦点を当て、実践事例の記録を検討してまいりました。それから8年が経過し、まとめの好機として本書の編集を企画したというわけであります。よって本書は、日本保育学会で報告した第13報（1996年）から21報（2004年）までの実践事例を下敷きとし、さらに、その延長線上で考えられた、また必要とした実践事例を加えました。

そしてさらに、①思いやりが育つことの意味を考える、②我が国で思いやり・向社会的行動・愛他行動に関する研究をなさった研究者の多くは、道徳性に言及していきましたが、幼児期ではどのように考えればよいか、③わずか5名と少数例ですが、私たちの縦断的観察の資料から、個体の成長において、思いやりがどのような過程を経て育っていくのか、この3つの課題を追加しました。

4章だけを取り上げましても、観察事例に登場している子どもたちは100名を越え、たくさんの子どもたちのおかげをもって多くのことを学びましたことを感謝しています。

ともかく、本書は、思いやり研究に21報まで関わってまいりました女性5人で編集しようということになり、この1年間は本書の編集と原稿内容の調整に各自精力を注いでまいりました。

今回、幸いにも萌文書林の社長服部雅生様のご好意で発刊することができましたことは喜びに耐えません。心から感謝を申し上げる次第であります。

最後に、本書の発刊にあたって保育実践の側からの忌憚のないご意見を賜りますと、私たちの励みになります。

将来を担う子どもたちの人間性の基礎づくりのために、私たち各人が精進していきますことを祈念しつつ。

平成17年3月

著者代表　千羽　喜代子

もくじ

はじめに ──本書ができあがるまでの研究の経緯── 1

1章　思いやりを概観する

1．思いやりとは（帆足） 10
　（1）思いやりの育ち 10
　（2）思いやりをとらえる 14

2．思いやりの発達過程（千羽） 15
　（1）思いやりをどのような行動をもって観察するか 16
　（2）思いやりの発達過程の構造を考える 19

2章　観察と調査による思いやりの育ち（長山）

1．思いやりの育ちを縦断的に見る 26
　（1）観察対象児について 27
　（2）3人の子どもの年齢別「思いやり行動」観察事例と考察 37
　（3）思いやりの育ちの「出現状況一覧表」と
　　　　　　　　　　　「思いやり行動項目」 46

2．思いやりの育ちを横断的に見る 49
　（1）「思いやり行動項目」から「思いやり観察項目」を作成する 50
　（2）3〜5歳までの思いやりの育ちを横断的調査により見る 54

3章　思いやりの育ちから見えるもの

1. 思いやりが育つことの意味（長山） 64
   - （1）自らの存在を問う―I美の「2歳3か月」の事例から― 67
   - （2）他者の存在に気づき受け入れる―U香の「3歳3か月〜3歳10か月」の事例から― ... 70
   - （3）再び自らの存在を問う―A也の「4歳5か月」の事例から― 75
   - （4）共に生きることの意味―L太の「5歳7か月」の事例から― 77
   - （5）「大きくなるということ」について 80
2. 思いやりは道徳性につながるか（千羽・永田） 81
   - （1）A子の思いやりの育ち 81
   - （2）A子の葛藤体験 82
   - （3）「嘘をついてはいけません」と言わなかった保育者の意図 85
   - （4）A子の抱く望ましい自己像との葛藤 85
   - （5）子どもの抱く「望ましい自己像」と
     　　保育者の期待する「よい子像」との違い 87
   - （6）思いやりと道徳性について 88
3. D男とN子の発達過程（千羽・帆足） 90
   - （1）結果の全貌 90
   - （2）D男とN子の発達過程 97
   - （3）担当保育者による子どもの思いやり行動の評定 98
   - （4）D男とN子の思いやりの育ちから見えるもの 99

4章　保育の実践を通して思いやりが育つということを考える

1. 相手に気持ちを汲んでもらおうとする（千羽） 105
   - 事例1－①　先生のそばにいたいの 105

  ＊保育者とのしっくりした関係 106
  ＊保育者に受け入れられる 107
 事例1－②　やるせない気持ちを汲んでもらう 108
  ＊子どものやるせなさ 109
  ＊子どもの気持ちを汲むことに葛藤する保育者 110
 事例1－③　先生を独占したいの 111
  ＊保育者との関わりを楽しむ 111
  ＊気持ちを汲み取ってもらった子どもの育ち 113
  ＊子どもの心情を汲んで関わる 113

2．相手と気持ちを共有する（帆足） 115

 事例2　楽しさを共有するD男とF男 116
  ＊楽しさを共有するごっこ遊び 116
  ＊相手と気持ちの共有がたくさんできる体験を 116
 事例3　受容され、楽しさを共有できるようになったX子 117
  ＊自分の気持ちを素直に表現する 119
  ＊ていねいに子どもの気持ちに向き合うように関わる 119
 事例4　友だちが悲しそうだと、悲しくなるM子 120
  ＊友だちと同じ気持ちになる 120
  ＊子どもが感じている気持ちを大切に 120
 事例5　がんばってうれしい気持ちを共有するA夫、B夫、C夫 121
  ＊友だちの気持ちを共有する 121
  ＊子どもの気持ちをつなげる保育者の関わりを大切に 122
 事例6－①　友だちのけががよくなると喜ぶE男 123
 事例6－②　休んでいた友だちが出てくると喜ぶE男 123
  ＊相手の立場に立って状況を理解し、自分も「うれしく」なる 123
  ＊相手の置かれている状況を理解できる関わりを 123
  ＊「相手と気持ちを共有する」保育と「思いやり」 124

3．相手の気持ちに気づく（青木） 126

 事例7－①　雰囲気を感じ取る 127
  ＊友だちの異変に気づく 127

＊保育者の受容が子どもの「思いやり」を深める 128
　＊情緒の安定している子どもはまわりの変化に気づく 128
　事例7-② 困ったねえ、競争しようか 129
　　＊まわりの子どもの気持ちに気づく 131
　　＊保育者の適切な対応を受け、他児に気づく感性が育つ 132
　　＊子どもの辛く悲しい気持ちを受け止め一緒にときを過ごす 133
　　＊相手の気持ちへの気づきは「それとない行動」として展開する 135
　　＊子どもの気持ちの共感・受容は「そのとき」「その場」がチャンス 135

4．相手の気持ちを汲む（永田） 136

　事例8　泣いている子どもの涙を拭いてあげる 136
　事例9　自分で遊んでいたものをゆずる 137
　事例10　トラブルを通して相手の気持ちを汲む 138
　　＊「相手の気持ちを汲む」行為を通して育つもの 140
　　＊保育者は思いやりを育てるためにどのような援助をしたらよいか 141

5．気持ちの流れを汲み合う（永田） 143

　事例11　うそっこの誕生会 143
　　＊「気持ちを汲む」ことと「やりたいことをさせる」こととの違い 145
　　＊気持ちの流れを汲み合う関係 145
　　＊子どもの気持ちに寄り添う対応 146

6．相手の心に積極的に関心をもつ（永田） 148

　事例12　相手の気持ちを積極的に聞く 148
　事例13　ありのままを認める 149
　事例14　相手の心を理解しようと考えたり質問したりする 150
　事例15　相手の痛みや喜びを感じ取り具体的にそれを伝える 151
　事例16　相手の表情や行動を見て自らの行動を振り返り、
　　　　　　　　　　　　相手の気持ちを知ろうとする 152
　事例17　自分ならこうすると判断し、言葉で伝える 152
　　＊「相手の気持ちに積極的に関心をもつ」行為から子どもの内面に育つもの 153
　　＊保育者はどのような援助をしていったらよいか 154

7．相手を援助しようとする （長山） 155
事例18－① 自ら他児の面倒をみる 156
＊家庭環境からみる「相手を援助しようとする」気持ちの育ち 156
＊幼稚園での生活からみる「相手を援助しようとする」気持ちの育ち 158
事例18－② 先生に頼まれて他児の面倒をみる 160
＊友だちとの関わりから相手の立場と自分の立場の違いを学ぶ 161
事例18－③ 相手の立場を理解して援助する 162
＊充実した活動と保育者の対応から相手への援助のあり方を学ぶ 163
＊年下の子どもとの関わりから援助のあり方を学ぶ 163

8．自分の行動と他児の気持ちを関連させながら状況を判断する （長山） 165
事例19 「私、言い過ぎたかしら」と自らを振り返る 166
＊個性が活かされて自分を表現しながら幼稚園生活を送る 167
＊保育者が子どもの状況を把握し、保育の工夫をしている 168
事例20 ぐずる妹の気持ちを立て直すため、母親と妹の関係を取りなす 169
＊他児の気持ちを理解し行動を起こすよい経験 170
＊育ちに関わってきたまわりの人々の影響 171
事例21 「はっけよいのこった」とけんかを仕切る 171
＊混乱のなかで保育者や友だちの支えにより他児の痛みに気づく 173
＊保育者の関わりが「状況を判断する」力を育てている 173

9．子どもの葛藤のときを共にする保育者 （長山） 175
事例22 幼稚園のものは、全部自分のもの 176
＊子どもの気持ちの葛藤の高まり 177
＊保育者のチームワークのなかで、子どもの葛藤のときに向き合う 177
＊家庭との連携のなかで新しい方法を見出す 179
事例23 みんななんか嫌いだ！ 180
＊子どもの家庭環境と生育歴をきちんとおさえる 181
＊保育者も葛藤し葛藤のときを共に過ごし一緒に乗り越える 181
事例24 「じゃ」とはなによ、「いいわよね」とはどういうこと 183
＊お互いの心を探り合うような葛藤体験を 184
＊集団生活で、充実した活動と親しみを感じられる仲間関係を形成する 185
＊保育者は、子どものやりとりに安易に介入しない 185

10. 自己実現する子ども（帆足） 186
事例25　異年齢児との関わりで自分を表現できるようになったM実 187
＊「自分」の存在を実感し、より豊かな自己活動を 188
＊子どもの発達段階に応じた自己実現のできる援助を 189
事例26　自己を表現しながら自己実現するA実 189
＊「自分」を形成しつつ、自己実現していく過程 191
＊子どもに向き合い自分に価値を見出す保育を 192
事例27　アイデアの豊かな遊びをするためにリーダーになるE男 193
＊アイデアを豊かに表現することは自己実現や他児の気持ちと出会う ... 193
事例28　次々にアイデアを出しながら、遊びが充実するN子 194
＊遊びを充実させたい思いから自分の気持ちを調整する 195
＊子どもの発達を理解し、子どもに寄り添った援助を 195
＊自己実現から思いやりへ 196

11. 保育者の主体性・子どもの主体性（帆足） 197
事例29　年少児との関わりで主体性が育ったK太 197
＊主体的な自分を十分に体験する 198
＊子どもの「自分の考え」や「自分の思い」を肯定的に受け止める 199
事例30　保育者の主体的な保育から他児を受け入れるようになったN子 ... 200
＊揺るがない保育者の価値観を主体的に保育活動として展開していく ... 202
事例31　ヤギの名前を決める活動における保育者の思い 202
＊主体的に自分の保育を振り返ることでの「迷い」の大切さ 207
＊自分の保育と自分自身を振り返り、主体的な保育実践を 207
＊保育者の主体性・子どもの主体性と思いやり 208

今後の課題
Ⅰ　保育の現場から（永田） 209
Ⅱ　臨床の現場から（帆足） 212

文献一覧 216

おわりに ——「大きくなっていく」子どもたちの未来を見つめつつ—— 217

1章

思いやりを概観する

1．思いやりとは

　思いやりは、日本独特の心情です。この言葉と同じ英語はありません。思いやりと近い概念であるprosocial behavior（向社会的行動 ── 外的な報酬を期待することなしに、他人や他の人々の集団を助けようとしたり、こうした人々のためになることをしようとする行為）は、よく「思いやり」と和訳されますが、「援助」「分配」「協力」「ゆずる」「貸す」「慈善団体への寄付」「不正や不平等・野蛮さを少なくすることで福祉を高めようとする活動への参加」等の行動を中心に考えられています。確かにこれらの行動は思いやりのように思えます。しかし、「思いやり」と異なる点は、「思いやり」は「（相手に）思いを遣る」という言葉を語源として、「（相手に）思いを遣る（おくる）」という、すなわち、行動ではなく気持ちを表現した言葉だという点にあります。ですから、思いやりがかならずしも行動として表現されないこともあります。たとえば、「悲しいときにただ何も言わずに一緒にいてくれた」ということが、温かい気持ちにさせてくれることがあります。これは、行動だけとらえると「共にいる」ということで、prosocial behavior（向社会的行動）とはいえませんが、思いやりといえます。

　私たちは、思いやりを「相手の立場に立って考え、相手の気持ちを汲む心」と考えています。

（1）思いやりの育ち

　思いやりはどのようにして育つのか、事例は4章にゆずり、乳幼児期の発達を考えてみます。

　赤ちゃんは、母親や養育者から豊かな愛情を受けて育ちます。生理的な欲

1．思いやりとは

求に的確に応じてもらい、「母子相互作用」といわれる応答的な関わりを繰り返し経験することで、特定の人（母親や保育者）に対する信頼感を得ることができます。それが、まず「人見知り」として表現されます。そして、スキンシップを十分に受け止めてもらったり、自分の気持ちを汲んでもらったり、「探索行動」や1人遊びをはじめとする自己活動を認めてもらうことにより、「情緒の安定」が得られます。これが、思いやりの発達には一番大切なことです。「情緒の安定」は思いやりの発達の基盤となるからです。そして、情緒の安定を基盤として、自由な気持ちや自由な活動を表現できる「自己受容」が発達します。自己受容とは、自分の気持ちを受け入れているという意味で、楽しい、うれしい、くやしい、悲しい、さびしい等の「今」「ここで」の「自分のありのままの気持ち」をそのまま表現できるということです。うれしかったら飛び上がって喜び、くやしかったらくやしがる……そういう自

分の気持ちにぴったり合った表現ができるということです。そしてこの「自己受容」は、自分の気持ちを主張する「自己主張」へと発達します。特に顕著なのは2〜3歳ころの第一反抗期です。第一反抗期は自我・自主性の発達課題の1つです。「自分で考えて、自分で判断し、行動する。そして自分の行動に責任をもつ」ということが自主性です。思いやりは自主性に基づいて自発的に行われることですから、第一反抗期はとても大切な発達課題です。子どもは、癇癪(かんしゃく)を起こしながら、自分の要求や自分の気持ちを主張して、思い通りに行動したいという気持ちを訴えます。まるで、「思いやり」とは反対のように見える「自己主張」ですが、自己主張ができるということは、自分の気持ちが自由であるというだけではなく、他の子どもの自己主張ともぶつかり合うよい契機となります。それは、0歳児クラスでも見られます。0歳児クラスでの玩具の取り合いでは、玩具を取り上げて泣かせた相手を、じっと不思議そうに見たり、あるいはさらに叩いて余計に泣かれたりという場面があります。子どもは、このような体験を通して、自他の区別や他児の思いに気づいていきます。子ども同士の気持ちと気持ちのぶつかり合いである「けんか」は、他児の気持ちに気づいたり、配慮したりできるようになるという点で、思いやりの発達には大切な体験です。しかし、自分の気持ちは主張するのに、相手の気持ちは受けつけない子どももいます。こうした子どもは、それまで自分の気持ちを受け止めてもらえなかったり、あるいは大人が自分の気持ちを伝えていくことをしてこなかったために、「けんか」をしても他児の気持ちと出会うことができないのです。思いやりにつながる「けんか」は、相手とぶつかることで、他児にも自分と同じように気持ちがあるということに気づき、また他児の思いに気づくことで、自分の気持ちを優先するか、相手の気持ちを優先するかと悩む「葛藤体験」につながるところに意味があります。この葛藤体験で、「他児の気持ちと出会う」「相手の気持ちを受け入れ

る」「自分の気持ちを調整する」ことができるようになります。「自分の気持ちを調整する」ということは、相手にゆずったり、貸したり、助けたりすることができるようになるということです。しかし、このような段階に到達できるのは、けんかや葛藤をしているときに、子どもの心に寄り添ったり、真剣に子どもに向き合う保育者がいることに意味があります。それは、保育者がどうすることもできずに、子どもと一緒にそのときを過ごすことしかできない場合でもそうです。

　また、情緒が安定している子どもは、自分から遊びを見つけ出し、そのなかで生き生きと遊び込みます。子どもが自分の気持ちを自由に表現しながら、自己活動を充実することは、「自己実現」の1つと考えられます。そして、自己活動を充実していく過程で、その生き生きとした活動に他児が引き込まれ、そのために他児の介入と出会い、他児の存在や気持ちに気づいていきます。自己実現には、「自信」につながる要素と、「他児の気持ちと出会う」という2つの要素があります。

　思いやりの発達には、乳児期からの大人の対応はもちろんですが、保育者の役割はとても大きいのです。保育所保育指針にも、子ども自身の発達として、「特に、中心となることは人との相互作用である。子どもは乳幼児期を通じて、大人との交流、応答や大人から理解されることを求め、自分が大人に理解されたように自分からも大人を理解しようとする。この大人との関係を土台として、しだいに他の子どもとの間でも相互に働きかけ、社会的相互作用を行うようになる。」としています。思いやりも同様で、保育者から思いやりをもって対応された子どもは、保育者にも思いやりをもって接するようになります。この関わりが他児にも広がっていくのです。

　このように、思いやりは「情緒の安定」としての受容される体験や、「自己受容」「自己主張」「自己実現」「葛藤体験」を経ながら発達していきます。

（2）思いやりをとらえる

　どのような行動が思いやりなのでしょうか。まず、第一に考えなければならないことは、子どもの気持ちを見るということです。すでに述べましたように、思いやりは「気持ち」の表現です。ですから、形ではなく、心をとらえていきます。本音と建前の文化をもつ国であるからこそ、その心を大切に考えたいと思います。また、子どもは、大人の期待に敏感です。どのような行動をしたら、大人に「良い子」と認めてもらえるのかよくわかっています。保育者は、子どもに接するなかで、子どもの思いに気づき、「良い子」を目指しての行動であれば、子どものそのときのありのままの気持ちを整理し、きちんと言葉で子どもに返す必要があります。子どもの内面が「思いやり」として育っているのか見極める眼が保育者には必要です。「友だちに何かをゆずったら、保育者の顔をさっと見る」「子ども同士遊ぶなかで、分けてあげようとしたのに相手が受け取らないと『せっかくやってあげるのに』と怒る」。前者は保育者を意識した行動ですし、後者も「おせっかい」といわれる自己報酬を期待した行動です。これらの行動は、前後の子どもの様子をよく見ていれば見分けることはできます。私たちがこの研究をはじめるときに、どういう行動を採取するかを話し合いました。そして「それとない行動」のなかにこそ、思いやりと思われる行動が見られることに気づきました。

　思いやりは、保育目標に掲げられることの多い概念です。しかし、これまで述べてきましたように、その発達の過程では、思いやりとは思えないような行動が見られる時期があります。保育者は、子どもの発達の姿を念頭に置きながら、子どもの保育に携わることが、子どもの思いやりの発達を実現していくことにつながります。

2．思いやりの発達過程
―これまでの研究のまとめ―

　1982（昭和57）年からはじまって今日まで継続しています私たちの「思いやりの研究」において、幼児期に関した研究課題は、大きく3つに区分できます。

　その1つは、子どもの思いやりの行動をどのような行動によってとらえることができるかということです。それは思いやりの発達過程として発展していきました。

　次にその2つとして、これに並行して行ったのが子どもの思いやりの発達過程の構造に関する研究です。子どもの思いやりは、子どもの「自己受容」と「自己実現」および「他者受容」を大きな柱として構成されることが、まずは明らかになりました（次頁図1参照）。

　本来ならば、「他者受容」の部分が思いやりの中核となるのですが、子どもの場合には、前章で述べましたように、直接的には思いやり行動とはとらえられない「自己受容」に関する育ちと「自己実現」に関する育ちとが「他者受容」するための前提として重要な要素となります。「思いやり」が自発的な行動であるからには、この自己実現する過程を抜いて考えることはできません。また、思いやりを受けた経験がなければ、他者を思いやる行動は表出されません。

　そして、その3つめが今回まとめました思いやりを育てる保育の実践に関してです。このことについては、4章で取り上げますので、ここでは、上記のその1とその2を要約し、子どもの思いやりの育ちに関して、これまでの私たちの研究を概観します。ただし、対象は幼児に絞り、研究の途上にあります乳児については、今回は触れておりません。

（1）思いやりをどのような行動をもって観察するか

　乳幼児では、自由な気持ちや活動の表現として自分のありのままを自分の内に受け入れて表現します。それを私たちは「自己受容」と称しています。

　図1に示しますように、喜怒哀楽などの情緒を素直に表現することは、相手に自分の気持ちを汲んでもらうための大切な1つの手段です。「泣くこと」によって表出した子どもの心情を大人に受け入れてもらう、「喜び」を大人に共有してもらうことなどは、その典型例です。

　この「自己受容」は、子どもの個人領域部分での表出であり、「情緒を素直に表現する表出」、「相手に気持ちを汲んでもらおうとする表出」の2つのカテゴリーとしました。

　この「ありのままの自己を大人など誰かに受け入れてもらう」という自己

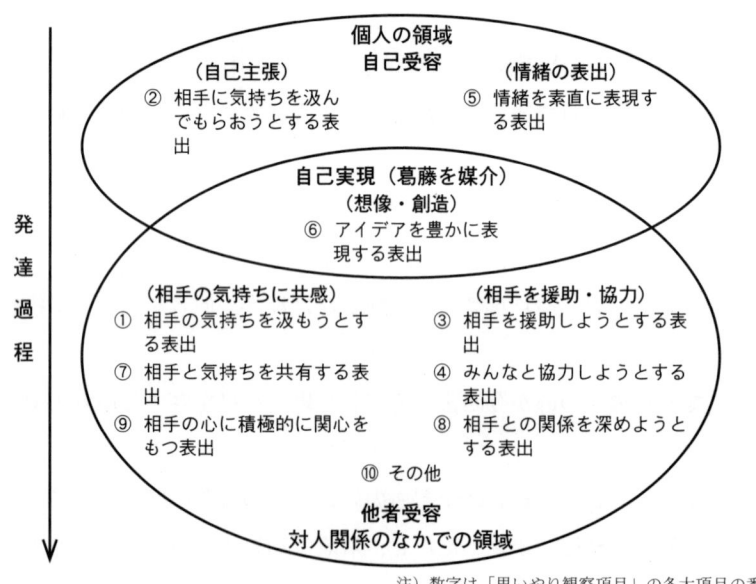

注）数字は「思いやり観察項目」の各大項目の番号

〈図1〉思いやり行動のカテゴリー構成

2．思いやりの発達過程

受容体験をしていた子どもが、立場を逆にして他者受容するようになるためには、「自己実現」すなわち、「人間に内在している力をもって機能することによって自己充実している」体験が要求されます。そこで「アイデアを豊かに表現する表出」のカテゴリーを設定しました。

このとき、少数のかつ親しい人という限られた相手であっても、ともかく人への関心をもち、対人関係が成立していることが前提条件となります。

このように、自己受容、自己実現、対人関係の経験を経て、「他者の私（わたくし）的世界をあたかも自分自身のものであるかのように感じ取って」、他者を受容するという領域にたどりつくのです。

よって、対人関係のなかでの領域部分で考えられる他者受容の各カテゴリーは、相手の気持ちに共感する側面として、「相手の気持ちを汲もうとする表出」、「相手と気持ちを共有する表出」、「相手の心に積極的に関心をもつ表出」、相手を援助・協力する側面として、「相手を援助しようとする表出」、「みんなと協力しようとする表出」、「相手との関係を深めようとする表出」、そして、動植物や年下の子どもや身体にハンディキャップをもっている人への心づかいや援助を「その他」として一括しました。この「その他」でくくった6つの小項目は十分に検討がなされていないため、不確定要素を含んだままです。これら10の大項目にそれぞれ小項目を設けて一覧したものが、次頁の表1です。総小項目数50項目を観察項目として、3、4、5歳児の調査を行い、後に3章で述べます子どもの思いやりの横断的方法による発達過程を明らかにしたのです。なお、ここに表示（p.18表1参照）しました子どもの「思いやり観察項目」（大項目10項目、小項目50項目）は、一応最終案として使用していますが、この50項目が決定にいたります経過過程において、採択事例を資料として設定しました34項目の時期があります。この経過過程は2章で、採択した事例の紹介との関連でふれますので本項では省略します。

<表1> 思いやり観察項目

大項目	小項目
① 相手の気持ちを汲もうとする表出	1. 困っている子どもにやさしくする 2. 他児にトラブルがあると気づかわしげにみる 3. 困ったり悲しんでる人の様子を見て、声をかける 4. 許してあげる 5. 大事なものをゆずる 6. 大事な役をゆずる
② 相手に気持ちを汲んでもらおうとする表出	7. 許してもらおうとする 8. 大事なものをゆずってもらう 9. 心配な気持ちをわかってもらおうとする 10. 嫌な気持ちを素直に相手に訴えわかってもらおうとする 11. 相手の了解をとる
③ 相手を援助しようとする表出	12. 様子を見て助けてあげる 13. 自ら他児の面倒をみる 14. 先生に頼まれて、他児の面倒をみる 15. わからないでいる他児に教える
④ みんなと協力しようとする表出	16. 力を合わせてする作業に参加し全体の役に立つ 17. 遊んでいるグループの世話をする 18. 友だちを誘って、一緒に遊具を運ぶ 19. 提案や意見を言って、みんなの協力を得る
⑤ 情緒を素直に表現する表出	20. 悲しげに泣く 21. うれしそうに笑う 22. 楽しそうに笑う 23. 一人でいるのに気づきさびしがる 24. くやしいときにくやしがる 25. 怒りたくなったときに怒る 26. うれしいときに心から喜ぶ
⑥ アイデアを豊かに表現する表出	27. 友だちとおもしろいアイデアを出し合って楽しむ 28. イメージを豊かにもって遊ぶ 29. 工夫して遊ぶことを楽しむ 30. 自分の世界を楽しむ
⑦ 相手と気持ちを共有する表出	31. 友だちの病気やけががよくなると喜ぶ 32. 友だちが悲しそうだったら悲しくなる 33. いじわるされた子どもと一緒になって怒る 34. 相手の行動に感心し心から喜ぶ
⑧ 相手との関係を深めようとする表出	35. 相手との関係をつけたり確かめたりするためにふざける 36. けんかをする 37. 自分のとった行動についてどうしたらよいか気にしたり迷ったりする 38. トラブルをうまく収拾する
⑨ 相手の心に積極的に関心をもつ表出	39. 相手の気持ちを積極的に聞く 40. ありのままを認める 41. 相手の心を理解しようと考えたり質問したりする 42. 痛みや喜びを感じ取り具体的にそれを伝える 43. 相手の表情や行動を見て自らの行動を振り返り、相手の気持ちを知ろうとする 44. 自分ならこうすると判断して言葉で伝える
⑩ その他	45. 相手の身体などのハンディに気づき、自然に助ける 46. 新しく入園・転園してきた子どもに対して、自分から役立とうとする 47. 年下の子どもに対し、心づかいをする 48. けがなどをした動物の世話を懸命にする 49. 飼育物の死を悲しみ、涙する 50. ニュースや読み物などで苦しんだり困っている人を見て同情し、涙ぐむ

（2）思いやりの発達過程の構造を考える

　図2は、3、4、5歳児の横断的調査や縦断的に行った数例の追跡事例から、試行錯誤しながら築いてきました幼児の思いやりの現在時点での構造図です。

　先にも述べましたが、「他者受容」することが思いやりの中核となります

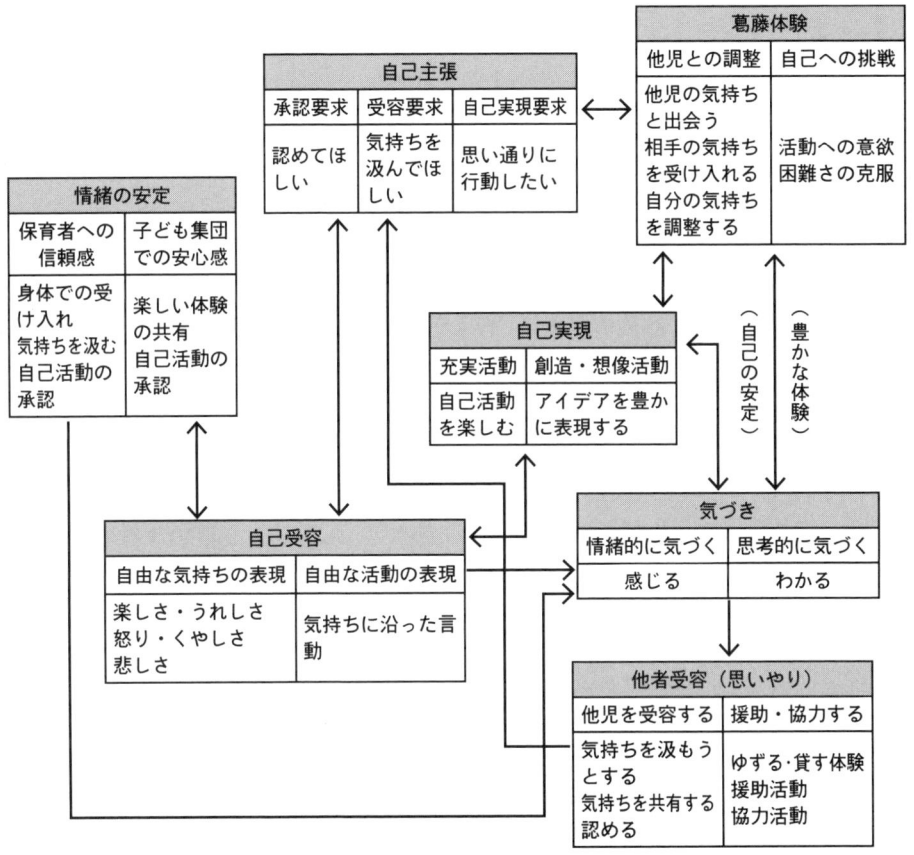

〈図2〉思いやりの発達過程（幼児期）

ので、図1や図2からわかることは、他者受容にいたるまでの過程があるということです。幼児では、むしろ他者受容にいたるまでの発達過程のほうを尊重する必要があります。

　私たちは最初は「他者受容」の側面に直接にあたっていましたが、やっと結論を得た思いでいます。本格的に「他者受容」していくのは児童期以降であると考えています。本研究会では、過去に思春期の子どもや子どもをもつ親の調査を手がけたことがあります。しかし現在では、幼児期に足踏みをしたままです。そのおもな理由は適切な研究方法が定まらないためです。

　まず、主要な構成要素をあげますと、「情緒の安定」、「自己受容」、「自己主張」、「葛藤体験」、「自己実現」、「気づき」、そして「他者受容」となります。

　初期に考えました構成要素（p.16 図1参照）から見ますと複雑になっています。なかでも「葛藤体験」の要素が見出せたことは、大きな成果となりました。

　以下に順次それぞれの構成要素について、説明していきます。

● 情緒の安定

　思いやりの発達は、乳幼児期において周囲の大人から受容された体験、つまり温かさやおおらかさといった情操を受けることによって実現されます。すなわち、子どもの情緒的表現（泣く、笑うなど）に対する適切な対応や、子どもの身体での甘えを受け入れる（抱く、背負う、添い寝するなど）行動や、子どもと楽しく遊んだり、温かい養護をするなど、身体での受け入れ、気持ちを汲む、自己活動を承認するなどの大人の適切な対応によって、保育者への信頼感をもち、そのことが子どもの情緒の安定に作用するという側面と、安定した子ども集団での楽しい体験の共有や自己活動の承認を得るなど、子ども集団での安心感が情緒の安定をもたらすという側面があります。

● 自己受容

　このように受容される体験を通して得た大人への信頼感は、情緒の安定をもたらすことになり、情緒の安定が得られると自由な気持ちの表現や自由な活動の表現が可能となります。これらは子どもの「自己受容」の主要な部分であると考えられます。

　「思いやり」は情緒的系列の心の働きですから、家庭においては親や他の家族との情緒的関係を親密にすることが基盤となりますし、このことは集団生活においても同様です。つまり、乳幼児は「自己受容」できる人間関係のなかで発達することが大切です。それは大人たちがいかに子どもの気持ちを汲むことができるか、言葉をかえれば、子どもの気持ちを汲むことができるように自己精進していくことが重要な意味をもつのです。

● 自己主張

「自己受容」が豊かに表現されるにつれて「自己主張」が可能となります。認めてほしい、気持ちを汲んでほしい、思い通りに行動したいなどの自己主張が旺盛に表現されるようになります。また、探索活動や第一反抗期という現象となって表現されます。よって、この「自己主張」は「自己受容」と密接な関係をもっているといえます。

● 葛藤体験

このころはちょうど、生活習慣の自立に向けて、大人から規制が働いている時期でもあります。今まで容認されていた自由な気持ちや活動にも「大人からの規制」が働きかけられるようになるため、子どもは戸惑い、要求をコントロールしたり、活動の選択や実行が困難となり、葛藤を体験することになります。

この「葛藤体験」では、葛藤を克服する過程が重要な意味をもちます。困難さを克服するなど自己への挑戦に向かう側面と、集団生活においては、他児の気持ちと出会う、相手の気持ちを受け入れる、自分の気持ちを調整するなど、他児の気持ちと自分の気持ちとの調整をする側面があります。

子どもの葛藤が行動として表われると「思いやり」とは逆の行動として受け取られるため、大人のほうも子どもの葛藤にどのように対応すればよいかと葛藤が生じます。

しかし、大人も子どもも他者の気持ちを感じ、知るうえでは避けられない経験ですから、大人も子どもも共に、この経験を乗り越えていくことに心を注ぐ必要があります。このとき、子どもは自己を主張している「気持ち」を受容してほしいのです。

もちろん、大人は「いけない」ことは「いけない」こととして、一貫して「制限」する態度を示さなければなりません。しかし、このとき、子どもが

その「制限」を受け入れることに「葛藤」している気持ちに気づき、見守ること、葛藤しているその子どもに向き合って一緒に乗り越えるなど、「葛藤」を克服する過程を共有することが大切となります。

● 気づき

　子どもは行動範囲を広げ、試行錯誤を繰り返しながら、葛藤場面をも含めて、身辺のさまざまな他者によって受容される体験を積み重ねていきます。そしてこの過程で、しだいに「他者」の行動やその内面にある心情に「気づく」ようになります。この「気づき」には、感じるなど情緒的に気づくことからはじまり、加齢にともなって思考的に気づくことが伴ってくるものと考えられますが、個人特徴も見られます。たとえば、情緒的に気づくことのほうが多い子どももいますが、どちらかというと状況を判断しながら思考的に気づくという子どももいます。

● 自己実現

　子どもが自己活動に熱中し、自己充実していることは「自己実現」を意味していると私たちはとらえています。1人遊びにおいても、グループ遊びにおいても、アイデアを豊かに表現して、創造活動や想像活動を積極的に展開していきます。

　先にも述べましたように、「思いやり」は自発活動であり、他人から指示されたり強要されて始動する行動ではありません。よって、「自己実現」は図2（p.19参照）のほぼ中央の位置にあるように、自己活動を楽しむということは人間の基本的な要求の1つであります。

● 他者受容

　以上の過程を経て、子どもは他者受容することが可能となっていきます。他児の気持ちを汲もうとしたり、気持ちを共有するなど他児を受容する側面

や、援助したり協力したりするなどの援助・協力する側面が見られるようになっていきます。他者受容は一般的には幼児期後期ころからです。

しかし、この状態の延長線上で、すんなりと児童期に入るのではありません。

これまでに述べてきました思いやりの発達の過程において、行きつ戻りつしながら、あるいはこの発達過程の循環を積み重ねながら、しかもときに揺れ動きながら、少しずつ「相手の立場に立って、相手の気持ちを汲む心」が準備されていきます。

2章

観察と調査による思いやりの育ち

私たちは、乳幼児の豊かな人間性の育成を願う保育をしたいと願い、子どもの「思いやり」行動に着目し、子ども集団のなかで「思いやり」がどのように表出しているか、またどのように表出していくかを追及することにしました。そのために子どもを観察することから出発し、その観察事例に基づき研究をはじめました。その研究の経緯については、1章にこれまでの研究のまとめとして記述してあります。

　この章では、これらの研究の基礎資料となりました子どもの「思いやり」を縦断的に観察した事例と考察ならびに、その事例から作成された「思いやり出現状況表」・「思いやり行動項目表（34項目）」と、横断的調査による3歳から5歳までの「思いやり」の育ちと、調査に基づいて協議し作成した50項目の「思いやり観察項目」について説明します。

1．思いやりの育ちを縦断的に見る
——思いやりをとらえた観察事例から——

　3人の子どもから採取した観察事例を記述するに先立ち、私たちの研究の方法として重んじた「思いやり」事例を採取するための観察のあり方を、1章の1節に加え観察者として再び整理しておきたいと思います。

　私たちの研究グループでは、「思いやり」は日本独特の表現であり、これまで研究されてきた学習理論や認知的発達理論による研究では説明しきれないものがあると判断しました。それは子どもの「思いやり」は、内面にある情緒との結びつきが強く、日本独特な情緒的な基盤のうえに成り立っていると考えたからです。そこで子どもの観察は自然観察法に基づき、子どもの「心」の動きとして表情や行動や雰囲気で表出される事柄を採取することにしました。採取された「思いやり」と思われた事例は研究グループで討議し、同時

に「思いやり」の定義の文献研究を進め、その定義に基づいて再び自然観察法による観察を重ねました。この観察の事例研究を重ね進めるなかで、どのような行動や表情を採取したらよいか、どのような視点で観察したらよいかを同時に追及しつつ、「思いやり」を採取しました。その採取のあり方は、子どもが誰かに見られているとか、評価されているといった意識なしに表出している行動や気持ちの表現を採取したことは前章でも述べました。それに加え、情緒を基盤として相手に共感的に行動を起こし、それが相手の心も動かして受け入れられている「思いやり」と思われる行動や気持ちを、観察者が感知・認識し、観察事例を採取することでした。その事例をさらに研究グループで討議を重ね、「思いやり行動項目」として9の大項目と34の小項目としてまとめました。まず、この過程で得られた観察事例を、3人の観察児の年齢を追って順に記述します。

次に、これまで観察したすべての事例を掲載することはできませんが、代表的な事例として、観察対象児として選定した3名の観察児を縦断的に8年間観察した結果、「思いやり行動」としてとらえた70例の内から代表事例22例を紹介します。さらにその事例を年齢別に分類し、記述している「思いやり」について解説し、考察します。

そのうえで、3名の観察児から得られた「思いやり」の70事例を資料として作成された「思いやり」の育ちの出現状況表（p.47 表2参照）と9大項目34小項目の「思いやり行動項目」の一覧表（p.48 表3参照）とを記載します。

（1）観察対象児について

① E男の観察

観察は1983年4月からE男の通っているS幼稚園で開始し、1987年3月E男の卒園まで続けられました。S幼稚園は、遊びの時間がたっぷり保障さ

れていましたので、自然観察法で観察するために適した環境にありました。

　E男は1979年5月生まれで、観察開始時には年少組（3年保育）に在籍していました。家族は、父・母・姉・妹と本人の5人家族です。両親の祖父母との交流も多くもたれていました。後にE男が、10歳のときにもう1人の妹が誕生し6人家族となります。

　E男を選定しましたのは、友だちととても楽しそうに遊ぶこと、表情が非常に豊かで泣きや笑い等の情緒を豊かに表出していること、困っている友だちにそれとなく近づいて一緒に行動している場面によく出会うことなど、E男の雰囲気を通して観察者の心を強く引く何かをもっているように感じたからでした。もちろん、S幼稚園の保育者もこの選定に賛同してE男の観察に協力してくださいました。観察者は、週4日この幼稚園の保育に参加し、観察者以外にも、研究グループからしばしばS幼稚園の観察に行きました。E男の選定にあたって観察者の心を動かしたのは、E男の母親の子育ての姿勢でもありました。当時、S幼稚園では少子化問題を抱え、園児が激減していました。そのなかで保育に対してさまざまな批判が起こり、保護者が混乱していました。そのようなときに、E男の母親はまわりの過激に保育を批判する母親をそれとなくいさめ、子どもの成長に必要な保育が何であるかを理解するように説得し、保育者を暖かく支え助けてくださいました。こうした母親の姿勢が、E男の「思いやり」の育ちに影響していると考えています。

　E男から3年間で153の事例を採取し、内48例を「思いやり観察項目」検討資料として採用しました。

　E男については、小学校、中学校、高校、大学まで追跡調査をしました。私たちがE男から得た事例から作成した「思いやり行動項目」チェックリストを、E男の小・中・高の各先生にチェックしていただきました。幼稚園で表出されていた「思いやり」の行動や気持ちの表し方が、その後にも現れていることに驚きと喜びを、覚えました。このことにつきましては、私たちが

出版しました『思いやりを育む保育』(新曜社) 137 頁から 147 頁に記載しております。以下に小・中・高生の先生のインタビュー記事を6例とその後のE男について記載します。

● E男の成長を追って

E男の成長について、幼稚園卒園後、観察者が母親と連絡をとりつつ、面接や授業参観を通し17歳（高校2年生）までの追跡調査をしました。

【小学校1年生3学期】

＜授業参観＞　観察者記録

幼稚園のころのE男の表情と変わらず、よく笑い、自らの席の横や前の人とよく話す。2列横の男児に何か頼まれると、授業中でも立って、「何？」と聞きに行き、先生に注意される。定規を忘れたらしい友だちに貸しに行くなど、やや落ちつきがないが、先生の話はよく聞いていた。算数の時間で、問題を考え、記入し、わからなかったのかとなりの女児に聞き「わかった、わかった」とうれしそうに女児の肩を叩き記入する。

＜担当の先生談＞

「友だちから大変信頼されている。友だちの面倒もよくみるが、小学生になると学習の面でも力をつけないと、よいリーダーにはなれない。もう少し落ちつきがほしい」

当時の授業参観で、以上のような状況が記録されています。卒園生の友だちの情報からも、E男はクラスの人気者であることがわかりましたが、担任の先生の「学習の面でも力」の談には、いささかがっかりするとともに、先生がもっと子どもたちのなかに入り、子どもたちの確かな人間関係を把握してほしいと感じました。幼稚園には、妹のY子が在園していたので、E男はたびたび来園していました。講演会で、母親が話を聞いている間、Y子やY子の友だちのM子と一緒に遊び、よく世話をしてくれました。10年後の今でも、M子はE男のことをよく覚えているとのことでした。

【小学３年生、４年生】

　父親の転動で福島市の小学校に転校する。転校当時は、東京の友だちがなつかしく、連絡を取り合っていた。福島での生活に慣れてくると、自分の意志でテニスをはじめ、学校のクラブ活動に積極的に参加し、熱中するようになり、友だちもできる。福島は２年間の生活だったが、テニスを通じて友だち関係が密になり、東京の友だちとはしだいに離れていく。東京の友だちのＡ介やＫ美とはときどき手紙のやりとりをしていた。Ｅ男が４年生のとき、母親が妊娠した。その当時について母親は次のように語っている。

＜母親談＞

「自分は、高年齢になっており、生まれてくる子どもに障害が出てこないか非常に心配した。しばらく悩んでいたが、子どもたちに自分の悩みを語った。するとＥ男に『お母さん、赤ちゃんを産んでちょうだい。もし手がなくても、耳が悪くてもどんな赤ちゃんでもかわいがって、みんなと一緒に育てるから』と言われ感動した。子どもたちに励まされ、生まれた子どもは、とても幸せで、父親も母親もとても喜んでいる」

　現在、この子ども―Ｊ香―は、小学校１年生になっています。お母さんによると、Ｊ香は大変おおらかな子どもで、上の３人の兄姉に育てられ情緒豊かな子どもだとのことでした。

【小学校５年生、６年生】

　Ｅ男は小学校５年生で再び父親の転勤に伴い、盛岡に転校する。福島のときにテニスでペアを組んでいた１歳下の友だちの母親から、次のような便りをもらったそうである。

＜Ｔ輔の母親からＥ男の両親への便り＞

「（……略……）Ｔ輔は１人っ子の甘えん坊で、わがままもあり、体も弱く心配しておりましたが、Ｅ男君とペアを組ませていただきテニスが好きになり励んだことで、体は見違えるほど丈夫になりました。がんばる力も出て、身も心もたくましく成長していることをうれしく思っているところでございます。来年は、Ｅ男君と全国大会に出たいとはりきっていた矢先、お別れすることになってしまって大変残念に思いますが、こればかりはしかたがないことでございます。今日、テニスから帰るなり、『Ｅちゃんが盛岡に行くんだって……』と言って泣いております。Ｔ輔はこれまで、大好きな担任の先生

が会津に転勤したときも、やさしい教生（実習生）の先生との別れのときにも、一度も涙を見せたことはありません。今回のE男君との別れはショックのようで、泣いて目を真っ赤にしております。これほどまでにE男君と別れるのがつらいのかと、ペアとしての一体感、心の通い合いがこれほどまで強かったのかと、今さらながら思い知らされました。このことは、北海道でも感じたことでしたが……。つらそうな我が子の姿を見ながら、T輔にとってよい経験だと思います。テニスでE男君とペアを組まなかったら体験できなかったことを考えたとき、テニスに入ってよかった、E男君とペアが組めてよかった、と思います。T輔は、生まれてはじめての悲しくつらい気持ちになっています。このような体験は、何ものにも代え難い貴重なものと受け止めたいと思います。親として、T輔の気持ちを汲んでやりながら、やさしく見守ってやりたいと願っております。そして、このつらさを乗り越えて、人間として大きく心の成長を願っております」

そして、その後、盛岡のE男宅と小学校を訪ねました。E男の学級を参観し、担任の先生にインタビューをしました。そして、すでに記載した「思いやり行動項目」により、E男の「思いやり」行動を担任の先生にチェックしてもらった事例を以下に紹介します。

【小学校6年生】

＜授業参観＞

10分の休憩時間と学級会の様子を参観した。E男は、休憩時間は、男子友だちとふざけて楽しげに遊んでいた。友だちは、観察者がどのような目的で見学に来ているかは知らないが、E男は観察者を知っているので（しかし目的は知らせていない）、少し照れていた。ときどき女子の間で「E」を呼びすてで話題にしており、E男は女の子の間でも人気があるようだった。学級会は、自治会会長の立候補および推薦についてがテーマだった。先生が、自主的に自治会に取り組むように話し合いを進め、会長は推薦ではなく、やる気のある人が立候補するように薦めていた。先生は、E男に指名して意見を述べさせ、それとなく立候補を薦めるが、E男はそれに応じなかった。後で母親に前日のE男の様子を聞くと、自治会という組織のなかで、リーダーとしての役割を果たすことに興味がなかったとのことであった。学級会は、自治会に関する意見などが述べられたが、会長の立候補は決まらなかった。教師は30代少し前の元気のよい男性教師で、E男と先生との関係はとてもよいと母親から報告があった。

＜担任の先生によるＥ男の「思いやり」行動項目のチェック＞から
○自己受容について
・情緒表現について
　小学校6年生になったＥ男の表情の豊かさは変わらず、担任教師の発言や評価の様子からも、自らを自由に表せる表情の豊かさが友だちとの関係を密にし、他者をそれとなく受け入れる要素になっていることがわかる。幼児期に培われた情緒が、このように実っていることに感動を覚えた。

・相手に気持ちを汲んでもらおうとする表出について
　この行動は、6年生ではほとんど見られなくなっていた。年齢が進むにしたがって、自己主張を子どものときのようにする必要がなくなったと考えられる。「大事な物や役をゆずる」も同様であった。

○自己活動について
　Ｅ男は、幼児期にロボット制作や砂場でのダムづくり、ボール遊び、テレビごっこなど自分の好きな遊びに熱中し、夢中になって活動を展開していた。自分で納得するまで活動を展開するために、葛藤も多く経験したが、その繰り返しのなかで友だちとのつながりも親密なものとなっていた。こうしたＥ男の自己活動は、しだいに充実しながらも、他者との関係を深めていったと考えられる。6年生の学級会で、自治会会長をまわりでなんとなく薦められるが、Ｅ男自身がやりたいと思ったり興味を感じなかったので受けなかったのだと思われる。このようなＥ男の態度は、かえって友だちに受け入れられているようである。また、Ｅ男はクラブのテニスに熱中していた。

・創造活動について
　Ｅ男は幼児期、遊びのアイデアが豊かで友だちをひきつけた。小学校の担任の先生は、「ユニークの塊」と表現していたが、このことがＥ男の活動を豊かにして、友だち関係を深めていると考えられた。

・葛藤体験について
　幼児期に自己活動が豊かなＥ男は、葛藤体験も多く見られた。「どうしてみんなが僕のことをいばっていると言うのだろう」と悩む時期もあった。6年生になり担任教師に、「思いやり観察項目」についてＥ男の行動を調べてもらうと、葛藤体験が強く表れていた。

この体験について記している資料によると、自問自答しながらもさまざまな疑問を教師や両親に投げかけて乗り越えていったようである。

〇他者受容について

　幼児期のE男は、それとなく表れている援助行動や相手の気持ちを汲む行動や、気持ちを共有する行動が多く見られた。今回の資料からも、家族や友だちに対して、気持ちを汲んだり共有する状況がうかがえる。その他にも協力行動や、自分で判断し困っている人を助けるなど援助項目が強く表れていた。

　以上のように、担任の先生の「思いやり」行動のチェックの資料から、小学校6年生と幼児期のつながりを考察してみました。自己受容の部分については、年齢が進むにしたがって変化していました。自己主張の仕方が変わってきたものと思われます。他者受容は、当然幼児期の内容とは異なりますが、家族、学級の仲間、クラブの友だちの相談にのるなどの受け入れが非常によいとの評価でした。

【中学1年生】

＜担任のS先生（女性）談＞

　小学校より、リーダーとしてよい活動をしたと二重丸の評価が来た。中学生になっても、学級の仲間と一緒にいろいろな活動をした。担任教師としても頼りにしていた。特に転入生の2名の生徒の面倒をみた。この地域では、同じ小学校から進級する生徒がほとんどで、他地域からの転入生2名は、友だちがなかなかできなかった。E男は積極的に2人の相談にのり、話し相手になった。2人は最初クラブ活動として野球部を選んでいたが、E男のテニス部に移った。この年、E男の魅力にひかれて、テニス部員が多かった。中学2年・3年もテニス部で活躍する。しかし生徒会や学級のリーダーに推薦されても応じなかった。

　高校生になったE男を観察者は5年ぶりに訪ねました。E男のお宅で、E男のお母さんとしばらく懇談した後、E男のお母さんに案内していただき、E男の通う高校を訪ねました。前日に面会を申し込んでおいたので、テニス

部の顧問のO先生にお目にかかることができ、O先生はE男のエピソードを次のように楽しそうに話してくださいました。

【高校生】

＜O先生談＞

- E男はテニス部のキャプテンをしている。キャプテンは、部員の意見を尊重し、最終的には顧問の先生が決める。みんなはあたり前のようにE男をキャプテンと考えていた。そのような雰囲気が感じられた。テニスの実力からいうと、E男は2番手。しかし、人格的なものを総合すると、E男以外にキャプテンは考えられなかった。

- ダブルスの組み合わせメンバーを決めるとき、顧問の先生がE男に相談する。E男は先生が組み合わせを決めたことにしたほうがいいと言う。E男は知らないことにしておくと言う。

- テニスの仲間でビデオを鑑賞する。悲しい場面になりE男が涙を流す。それを見てテニスの1番手のM也が笑う。「これが悲しいと思わないのは人間ではないよ」とE男が憤慨する。他の友だちもE男に同調する。

- E男や他の友だちが、M也を少し脅かそうということになる。数日後、「E男が留学試験を受けていて、E男に合格の通知が来た」と、友だちがM也に話す。M也は最初疑っていたが、O先生もそのことを確認したとのことで驚く。数日後、大きな垂れ幕ができる。「E男君ＵＳＡ留学おめでとう」と書かれており、記念撮影をすることになった。M也が心配してO先生に「新人戦に向けてこれからどうするのか」と言うと、O先生は「それは仕方ない。E男をはずして臨む」と答える。M也は複雑な顔をして「先生は冷たいな」と言う。記念写真のシャッターを押す直前に、E男が「ちょっとまった」と立ち上がってＵＳＡのAをOに取り替える。とたんに大爆笑が起こる。M也も明るい表情になり、E男は「M也にちょっと心配かけたかな」と言う。仲間の信頼関係はいっそう深まったようにO先生は思った。

- 夏休み中の練習で、O先生が3年生に食事をごちそうする。たまたまE男ともう1人2年生がいて一緒に加わっていた。後に、他の2年生から非難を受ける。E男はさかんにあやまり、氷を買いに行く役などを引き受ける。もう1人は、仕方がないからと非難を無視していた。

- E男のテニスに負けたときの落ち込みはひどい。相手に自分の動きを読まれてしまう

ので、E男は早く自分のペースをつくるようにしているといっている。伊達公子の戦い方に自分は似ているともいっている。
- E男は自分をよく振り返り、最近の生徒にはめずらしく自己分析ができる。人生の大きな苦難に、どのように立ち向かうかがこれからの課題だが、意味あることである。
- 先日、練習後にコンタクトレンズをなくした。自分のミスで親に迷惑をかけたくないので、黙ってまだ親に知らせていない。
- 勉強は、授業で集中しているようにしている。
- E男は、部活動以外にテニススクールに入っていたが、自分が他の練習場に行くと部がおろそかになるのでやめてしまった。
- 試合の後、友だちと他校の先生たちにあいさつに行き、積極的に話を交わすようになった。先生が勧めたわけではない。

＜母親談＞
- E男は体育の先生になりたいという希望をもっている。中学の担任の先生と町で出会ったとき、先生のほうはE男がすっかり大人になっており気づかなかったが、E男が声をかけあいさつをするととても喜んでいた。妹のY子が、現在反抗期で気むずかしく母親も困っているが、E男が相談相手になっている。幼稚園時代のE男とY子の関係を思い出す。
- 中学のとき他校から来た友だち2人のうちの1人は、E男と同じ高校に進学し、現在もテニス部で共に活躍している。もう1人は、別の高校に進学しテニス部に入ったが、勉強に追われやめたとのことであった。夜などに友だちから遊びに行こうと誘いがあるが、E男は「僕はこんな時間には出たくない。おまえも早く帰れ」と誘いには応じない。また、親も学生時代にテニスをしていたのでよくテニスの話をしている。先日、父親がテニスに関する本などを全部E男にゆずっていた。E男は非常に喜んだ。両親に対して意見を言うことはあるが、親をバカにするような発言はしたことがない。かえってそのような反抗期がなくてもよいのか心配している。

以上、E男の卒園後の11年間の歩みを部分的ではありますが、追跡してみました。その追跡調査の結果、E男の11年間の成長のなかで、幼児期に観察したこれらの「思いやり行動項目」が順調に育っていることを確認することができました。大変貴重な資料が得られたとうれしく思っています。

【その後のE男について】

　高校卒業後のE男について、母親にときどき状況を知らせてもらいました。大学入学と同時にE男は、独立しました。大学では経済を専攻し、同時にテニスのクラブでも活躍したそうです。テニスの試合は全国大会に出場するほどの活躍ぶりを発揮できたようでした。大学卒業後、農業関係の企業に就職しました。卒業後3年になりますが、近く幼稚園の先生と結婚するそうです。

② M子の観察

　E男の卒園に伴い、E男が年長のときに同じ幼稚園に3年保育で入園してきたM子を観察児として選定しました。

　M子は、1982年2月生まれで、父・母・弟の4人家族です。

　M子は、幼稚園入園当時、集団生活に慣れないS美や、友だちの乱暴におびえるI香たちにE男と一緒に中和剤のような存在となってやさしい雰囲気をクラスに醸し出していました。M子の「思いやり」事例は、観察者の都合でE男のように多くの事例を採取することはできませんでしたが、悲しみや、喜びに共感する事例に多く出会い、E男の事例を補う貴重な資料となりました。M子の事例からは、特に相手の気持ちの動きに「気づく」ことについて討議され、「気づき」は「思いやり」の発達過程および精神構造で重要な項目であることを知らされ、精神構造のなかに組み入れました。

　M子の事例55例中18例をE男と同様「思いやり行動項目」検討資料として採用しました。次項では6例紹介します。

　M子については、小学校1年生の担任の先生から「とても世話好きな子どもです」という報告を受けましたが、その後の追跡はしておりません。

③ T男の観察

　M子の卒園に伴い、翌年から観察幼稚園をM幼稚園に変えました。M幼稚園の保育もS幼稚園の保育と同様に、子どもたちが自由に遊ぶ時間が保証さ

れており、自然観察法による観察に適した幼稚園でした。M幼稚園では、保育者としてでなく観察者として週1回観察することになりました。M幼稚園の保育者から年少組（3歳）のL代を紹介されました。しかし、観察者が2か月M幼稚園に通うなかで、L代を観察の対象とすることに賛成できませんでした。L代は静かで、保育者を困らせることもなく、トラブルも少なかったのですが、何かいつも自分を十分に表すことができずがまんしているように思えました。そんなとき、T男に出会いました。T男はL代と同じクラスでした。T男は少し乱暴で保育者に反抗的でした。しかし、自分より小さいW美が危ない足取りで木の上を歩いている場面に出会ったとき、さりげなくころばないように手をさしのべて支えていました。W美はそれがうれしかったようで、T男に飛びついてきました。2人は声を立てて笑い合いました。観察者は、この場面に出会い観察児として選定することを申し出、受け入れられました。

　T男は1983年10月生まれで、父、母、2歳下の弟の4人家族です。

　T男の観察は、年中、年長の2年間を観察し、事例は35例です。観察者の都合で少ない事例でしたが、貴重な事例となり「思いやり行動項目」設定の資料としました。本書では紹介いたしませんでしたが、T男の代表的な事例のなかで、障害をもったC香への対応が特に印象的でした。相手と気持ちを共有する事例としてE男の事例を補い、精神構造の中核の資料となりました。次項では、2例を紹介します。

（2）3人の子どもの年齢別「思いやり行動」観察事例と考察

① 3歳のときに採取された事例
● 相手の気持ちを汲もうとする表出
　（事例1）　大事なものをゆずる（3歳5か月／M子）
　　ブランコに乗ってうれしそうに保育者と会話している。座ったまま足を動かして気持ち

よさそうにする。S美が「Mちゃん、貸して」と言う。M子はしばらくそのまま動かない。いつまでも乗っていたい雰囲気である。ふとS美の表情をじいっと見ている。M子はだまって立ち上がりS美に「はい、いいよ」とブランコをゆずる。

（事例2）　困っている子どもにやさしくする（3歳8か月／M子）

　登園してきたS美が1人でぼんやりと外を見ている。何をしてよいかわからない。M子はS美のまわりをウロウロする。S美の肩をポンポンとたたき、S美の表情をのぞき込むようにして見る。にっこりと笑いかける。S美はホッとため息をつく。M子はS美の手を取って外に出る。ブランコのところに行き、順番を待って自分より先にS美を乗せ、次にM子が自分で乗る。

（事例3）　他児にトラブルがあると気づかわしげにそばによってみる

（3歳11か月／E男）

　走りまわっていたY太のところに行き、一緒に走る。Y太が転び、膝をすりむき泣く。E男は気づかわしげにそばにより、傷とY太の泣く様子を見ている。自分も泣きそうな表情になり、まわりをウロウロする。保育者がY太に対応すると安心する。Y太に「痛い？痛い？」と語りかける。

● 相手と気持ちを共有する表出

（事例4）　友だちが悲しそうだったら悲しくなる（3歳10か月／M子）

　S美が友だちに押されて泣く。M子は他のところで遊んでいたが、走ってきてS美のそばに行く。M子も悲しそうな表情になり、S美の肩に手をかけて一緒に過ごす。保育者が来るのを待つ。

（事例5）　友だちの病気やけががよくなると喜ぶ（3歳11か月／E男）

　Y太が病気で欠席が続く。しばらくぶりにY太が幼稚園に来る。Y太がうれしそうにE男のところに行く。E男は「やったー、やったー」と言いながら、うれしそうな表情で、Y太と手を取って走りまわる。Y太もうれしそうに「やったー、やったー」と言いながら走る。

――3歳の事例を考察する――

　3歳のときに採取された代表例として記載した上記の5例は、友だちが困っ

たり、悲しんだり、戸惑ったりしている様子に共感しているＭ子とＥ男の姿でした。いずれの事例も　相手の気持ちを汲もうとしたり、相手と気持ちを共有しようとしている表情や行動が明らかに見られました。はじめての集団生活のなかで、自分の気持ちをこのように表すたくさんの事例に出会ったことに感動を覚えながら、「思いやり」の採取にあたりました。３歳は身体の動きも感情の表現も人として生きていくために必要な体験を一通りしています。しかし、それはこれからの経験の基本的な経験であり、これから先の経験が混乱と葛藤の経験に繋がっていく前兆と考えて、見通しを立てて子どもに向き合うことが必要です。これらの経験は、４歳の前半まで続き、相手の存在に気づくために「相手の気持ちを汲もうとする」や「相手と気持ちを共有する」などの事例が、多く出現したと思われます。

②　４歳のときに採取された事例

● 相手に気持ちを汲んでもらおうとする表出

（事例６）　大事なものをゆずってもらう（４歳７か月／Ｅ男）

　ブロックをしていて、自分のブロックが足りなくなると、他児が使っているブロックをしばらく見て、「貸してね」と顔をのぞきこんでもらう。

● 相手を援助しようとする表出

（事例７）　様子を見て助けてあげる（４歳８か月／Ｅ男）

　先生がＳ美のおもらしをした後始末をしている。Ｍ子がお弁当箱が閉まらないと泣き声で先生を呼ぶ。先生が「ちょっと待っててね」とＭ子に言うが、Ｍ子は足をバタつかせて怒る。Ｅ男はその様子を見ていたが、Ｍ子のところに行き「ぼくが閉めてあげようか？」と聞く。Ｍ子がうなずくと、「むずかしいなー」と言いながら閉める。やっと閉まるとＭ子と顔を見合わせて笑う。

（事例８）　わからないでいる他児に教える（４歳９か月／Ｅ男）

　部屋で絵本の貸し出しがはじまる。Ｂ也とＥ男は絵本の部屋へ戻ってくると、絵本袋を探し、Ｅ男は「ぼくの絵本袋がない」と言ってあわてる。Ｅ男は自分の絵本袋が見つかる

と「ぼく、ロボットカミー」と言って、ロボットカミーの絵本を袋に入れる。B也はC介に「サンタクロース、1つちょうだい」と言い、C介はサンタクロースの本を探して、B也の袋に入れてあげる。B也が「みんながお弁当食べるまで、4冊借りるんだ」と言うと、E男は「だめだよ、4冊借りちゃ。先生3冊でしょ？」と聞く。B也が何冊も絵本を入れているのを、近くにいた他の男児が見て、「4冊も借りてるよ」と言う。E男がB也のところへ近寄り、「だめだよ、3冊だよ」とやさしく教えるように言って、袋から1冊取り出し返す。

（事例9） 自ら他児の面倒をみる（4歳10か月／M子）

ホールに遊びに行く。ままごとをはじめ上靴を脱いで並べる。ふとA香が上靴をはいていないことに気づき「あら」と言い、急いでクラスまでA香の上靴を取りに行く。A香に、ニコニコして上靴を渡す。

● みんなと協力しようとする表出

（事例10） 自ら気がついて全体の役に立つ（4歳9か月／E男）

E男はD也を連れて遊戯室に戻ってくると、D也に「映画やろうよ」と言い、D也は「うん」と同意する。E男は急いで電気を消しに行き、入ってきた先生に「今、サンバルカンの映画をするんだ。電気消すよ」と言って消し、E男はドアを閉め鍵をかけようとするが、先生に「鍵はかけないでね」と言われ、やめる。ガラス越しに外を見て「この寒いのに外に出てる」と言う。E男、C介、D也は椅子をもって並べはじめ、E男は並べながら「外はだめだよ。雪が降っているから。やんだら遊んでもいいけど」と2人に言う。

● 情緒を素直に表出する

（事例11） 悲しげに泣く（4歳11か月／E男）

ふざけることが多くなったE男は、クラスの集まりのときに前に出て行き、みんなを笑わせる。保育者がやめるように注意するが、みんなが笑う様子がおもしろくなり何回も出ていきみんなをふざけて笑わせる。保育者がE男を引き戻しきつく注意する。E男は保育者の顔を見ていたが、悲しそうな表情になり、ついに大声を出してさめざめと泣く。しばらく泣いておさまる。みんなもホッとする。

● 相手との関係を深めようとする表出

（事例12） けんかをする（4歳8か月／M子）

一緒に遊んでいたP子が外に出ていく。M子はあわててP子を追いかける。「P子ちゃ

ん、お出かけするときは言って」と言う。外で遊んでいたＳ美が「Ｐちゃんは私と遊ぶのよ」と言う。Ｍ子は「私と遊んでいたのよ」とＰ子の手を引く。Ｓ美もＰ子の手を引く。しばらくもめるが、Ｍ子が手を離し、「何かいい考えはないかなー」と言う。Ｓ美が「Ｍちゃんも外で遊んだら」と言う。Ｍ子は「うん」と言い一緒に遊びはじめる。３人は楽しそうに遊びはじめる。

──４歳の事例を考察する──

　４歳のときに採取された代表例としても７例を記載しました。

　「思いやり」としてとらえた６・11・12の事例は、「思いやり」と直接関わりのない事例に思われますが、ここではあえて取り上げました。集団生活に慣れてくる４歳から５歳にかけて、３人の観察児に多く表れた項目でした。６の「相手に気持ちを汲んでもらおうとする表出」は「思いやり」の発達過程で自己受容として大切な要素と考えています。11の「情緒を素直に表出する」も同様に考えました。12の「相手との関係を深めようとする表出」は葛藤体験として他者受容にいたる過程で必要な要素と考えました。これらの項目の選択については、１章の「思いやりの発達過程」の図２（p.19）で説明されておりますが、「思いやり」を観察するうえで見逃してはならない行動や表情と私たちは考え「思いやり」の事例として取り扱っています。４歳で採取された事例は、３歳に引き続き「相手を援助しようとする」事例が多く見られました。一方、３歳ではあまり見られなかった協力行動や情緒の表情の表出が多く見られるようになったことが特徴です。友だちとの関わりが深まり、広がる過程で表れてくる行動や表情だと思います。友だちを受け入れたり、友だちの気持ちに反応する心の動きとして「思いやり」に結びつく大切な経験としてとらえています。また、「思いやり」として採取した項目が多様になっており、３歳のときに比べ４歳のときは、人の心の動きに気づきはじめ、葛藤や人との関わりを深めるなど活動が複雑になっているためと思われます。

③ 5歳児のときに採取された事例

● 相手に気持ちを汲んでもらおうとする表出

（事例13） 許してもらおうとする（5歳1か月／E男）

　E男、S太、B也の3人でダイナマンごっこをしている。はじめは園庭をかけまわっていたが、S太が泣き出す。E男は3メートルくらい離れたところで口をとがらせ下を向いて、S太を上目づかいに見ている。S太の泣き声がだんだん大きくなる。先生が「S君とE君、どうしたの？」と聞く。S太「E君がね、今日E君の家にきちゃだめっていうの」。先生「S君E君の家に行きたいんだぁ」。S太「でも、だめって言うんだもん」と激しく泣く。S太は自分の存在を示すかのようにE男をちらちら見ながら、声を大きくしていく。E男「ごめん、ごめん。だってさぁ、S太ちゃん、ぼくのこと"嫌い！"って言ったじゃないかぁー"嫌い！"って言うからきちゃだめって言ったんだよ」と言う。先生「S君、E君のこと嫌いって言ったの？」。S太、うなずく。S太「まーえに"嫌い"って言ったんだもん」。E男「"嫌い"って言わないんだったら、来てもいいよ」。S太だんだん声が小さくなる。S太「うん」。E男「ダイナマン、やろう」。再びE男、S太、B也は遊びはじめる。

● みんなと協力しようとする表出

（事例14） 友だちを誘って、一緒に遊具を運ぶ（5歳5か月／E男）

　E男は、遊戯室で友だち5名と積み木を使って、基地をつくり忙しそうに遊んでいる。仲間のJ男が、遊戯室のすみにあった巧技台を見つけ、基地に運ぼうとして動かしている。E男は、それに気づき「おい、みんな手伝おうぜ」と仲間に声をかけ、巧技台のところに集まる。E男は、J男に声をかけ、みんなで基地のところまで力をあわせて巧技台を運ぶ。E男はみんなと相談して基地を組み立てる。

● 情緒を素直に表現する表出

（事例15） 一人でいるのをさびしがる（5歳2か月／E男）

　友だちがそれぞれの遊びでばらばらになると、しばらくは、ウサギを見たり、カエルを探したりするが、すぐ友だちのところに行き、話しかける。

● アイデアを豊かに表現する表出

（事例16） 友だちとおもしろいアイデアを出して遊ぶ（5歳5か月／E男）

　Q男が提案してボール遊びをはじめる。E男がボールを3つ持ってくる。S太、C介、

B也、L夫も加わり、3つのボールを同時にける。単純な遊びが続き、5人は少しつまらなそうにしている。E男がハッと何か思い出したように「おもしろいことがある」と言い、砂場の手押し車を持ってくる。E男は、手押し車にボールを3つ上手に積む。それを押して走る。友だちはその様子を見て大笑いをする。C介が「僕も僕も」と言い、次にやってみる。他の子どもも順番にボール運びをする。E男は、「今度は競争ね」と言い、誰が一番遠くまで運ぶかやってみる。3つのボールを使って次々にE男が遊びを考え出し、この日は1時間近く遊ぶ。やがて、5人はバラバラになり、ブランコや砂場など、別の遊びをはじめた。

● 相手の心に積極的に関心をもつ表出
　（事例17）　相手の気持ちを積極的に聞く（5歳6か月／E男）
　園庭で遊び疲れて、下駄箱の前に座り込んでいる保育者に顔をのぞき込むようにして、「先生おなかすいているんでしょう」と肩に手をのせる。

　（事例18）　相手の反応から自分の行動を振り返る（5歳8か月／T男）
　T男はG也と一緒に楽しい気分でブランコに乗って会話している。ブランコをこぎながら砂場の遊びを見ている。T男は「ブランコやめ！　砂場にしよっと」と砂場のほうへ走る。G也がT男を追いかける。G也は1人にされ不安げに、「今日、Tちゃんの家に行っていい？」と聞く。T男ははっとした様子でG也を振り返り、顔をのぞきこむようにしている。肩に手を当てて、「うん、いいよ」と答える。T男はさらに砂場のほうを指さして、無言で「砂場へ行くよ」とG也に了解を求めるように首でうなずく。G也は安心した様子で1人ブランコに乗りに行く。
　遊びを終えたT男は室内に入り、集まりの準備をしている。T男はG也のとなりに椅子を運び「遊ぼうね」と声をかけ、2人で肩を組んでいる。

──5歳の事例を考察する──
　5歳のときに採取した事例のうち代表例として6例を選択して上記に記載しました。4歳から5歳にかけて多く表出していた「相手との関係を深めようとする」の、ふざけ・けんかなどの葛藤体験はさらに続きますが5歳後半ころから少なくなります。そして友だちとの関係が深まり、豊かになるに従い「みんなと協力しようとする」や「アイデアを豊かに表現する」や「相手

の心に積極的に関心をもつ」項目が増えました。友だちとの関わりが深まり、豊かになり、遊びなどの活動に熱中し、充実感が得られるようになりますと、満足した平和な気持ちになり、他者への関心がより深まっていきます。相手の気持ちを推測したり、友だちに非難されさびしくなるなど、といった自分と他者の関係を振り返る様子も顕著に表れてきました。同時に、友だちと遊んだり、活動を協力したりする経験も充実し、それぞれの役割認識が明確になっていく様子を把握することができました。満足した平和な気持ちになり、子どもや大人に対しても関心がより深まり、相手を気づかう様子が明らかになってきています。

④ 6歳のときに採取された事例

● 相手との関係を深めようとする表出

（事例19） 葛藤する（6歳1か月／E男）

　ダイナマンごっこのメンバーC介がE男の指示を受けなくなった。E男のイライラする行動が目立つ。C介はE男に対し「いつもE男君ばかり1番ではだめ」と言う。E男は「僕ばかり一番でなかった」とC介の発言に反発する。しかしC介の発言にショックを受け、E男はしばらく考え込んでいる。ほかの友だちは2人の様子を見ているが、「さあ、やるぞー」とかけていく。E男も、思い直したような表情になり、みんなの後を追いかける。

● 相手の心に積極的に関心をもつ表出

（事例20） 自分ならこうすると判断して言葉で伝える（6歳0か月／M子）

　年長児全員で近くの公園に散歩に出かける。公園にはいろいろな遊具があり、子どもたちは歓声をあげて個々に好きな遊具で遊びはじめる。しばらくすると、男児U輔が、「みんな滑り台で遊ぼう」と提案する。M子も手を叩いて賛成する。押し合いながら次々に滑り台を滑り、混乱する状態を楽しんでいる。行動の緩慢なK未が、滑り降りたところで転ぶ。子どもたちは、K未を押しのけて滑り台の階段に向かう。M子がグループから離れ、大声で「ちょっと待った！」と叫ぶ。「K未ちゃんが痛い目にあっているでしょう！」と言う。みんなは、立ち止まりM子のほうを見る。M子は階段の前に立ち、「少しゆっくりね！」と言いながら1人1人の間隔をあけるように、言葉で伝える。

(事例21) 痛みや喜びを感じとり具体的にそれを伝える（6歳2か月／T男）

　T男は友だちと床積み木でホールと保育室をつなぐ道をつくる。途中、イスを置きジャンケンをする場所をつくる。ジャンケンに負けた子どもはイスに座り、勝った子どもは道を進む。ホールの最終場所にマットを敷き、相撲をとる場所をつくる。相撲に勝った子どもは進み、負けた子どもは次の子どもと再び相撲をとる。T男はときどき全体の様子をみる。男児4人が参加している。相撲に負けてばかりいるY也がつまらなそうな表情をしていると、走って近づきいろいろアドバイスをする。Y也が次の相撲の相手と組み合うとき、T男は見ていて応援する。Y也が勝ちやっと進めると、Y也の肩に手を当てて喜び、手をとって飛び上がり、Y也は進む。Y也はとてもうれしそうな表情で進む。Y也の表情を見てT男はホッと息をつき、手でVサインをする。

(事例22) ありのままを認める（6歳2か月／E男）

　3歳児たちがチェンジマンごっこをしていた。そのつくっている剣を見て、はじめは「変なの」と言っていたが、ある日つくっている剣を見て、「わぁ、いいのつくったね」とE男が言うと、S太が「E男にもつくってあげる！」と同じ物をつくる。E男は「S太がつくってくれた！」と喜んで2人で遊んでいるうちに、3歳児みんなでチェンジマンごっこになる。それから3歳児の男児に「E男君遊んで！」と言われると、「よし、もんでやるか！」と言って、ときどき3歳児クラスに行って遊んでいる。

──6歳の事例を考察する──

　6歳のときに採取された事例のなかから上記の4例を選択しました。3人のそれぞれの事例は、共通して対人関係が豊かになる過程で経験する自分と他者との心のやりとりを表している事例です。他者の感情や、行動を受け止めつつ、自分なりにいろいろと判断し、決断していく様子から、「思いやり」の育ちを見ることができました。

　3人の「思いやり」の表し方は、それぞれ特徴があります。E男は葛藤をしつつ自分を振り返り他者に関わり、相手をありのままに受け止めました。M子はまわりに平和な気持ちを与えるような雰囲気のなかで、「気づき」をもとに、それとなく相手に関わりました。T男は表面的には、他者を受け入

れていないように思われる行動が見受けられましたが、T男のやさしい感性をもって相手に正直に関わる行為が、相手の心を動かしていました。

　以上、3歳から6歳までのE男・M子・T男の観察事例と考察を通して、「思いやり」の育ちを縦断的に見てきました。同時に、保育のなかで子どもをどのように観察するかの視点も、3人の観察過程で学ぶことができました。

　3人はすでに成人しており、それぞれに個性の生かされた仕事についています。

（3）思いやりの育ちの「出現状況一覧表」と「思いやり行動項目」

　上記のように、8年間にわたる3人の観察事例から、それぞれの個性が生かされた「思いやり」と判断した表情や行動を縦断的観察法によって採取し、観察事例の検討から次頁のように、「思いやり」の育ちの出現状況表（p.47）と9大項目と34小項目の「思いやり行動項目」（p.48）を作成しました。

　これらの詳細については、日本保育学会第38回大会より43大会までに「思いやりの精神構造とその発達過程第2報〜7報」として発表しています。

＜表２＞観察児３名から得た「思いやり」の育ちの出現状況一覧表

思いやり＝相手の立場に立って考え相手の気持ちを汲む心→愛にいたる

感じる（感性）
↓
共感する
↓
行動として表出する
↓

		それとない行動（評価を伴わない）								
		1	2	3	4	5	6	7	8	9
思いやり行動		相手の気持ちを汲もうとする表出	相手に気持ちを汲んでもらおうとする表出	相手を援助しようとする表出	みんなと協力しようとする表出	情緒を素直に表現する表出	アイデアを豊かに表現する表出	相手と気持ちを共有する表出	相手との関係を深めようとする表出	相手の心に積極的に感心をもつ表出
出現状況	螺旋状に									
	情緒を伴って									
	自己受容から他者受容へ									
	感じる―感性を伴って									
	自己主張として									
	適度に攻撃的に									
	葛藤を媒介として									
	共感的に									
	判断を伴って									
採取年齢		―3歳―								
		――― 4歳 ―――								
				――― 5歳 ―――						
						― 6歳 ―				

<表3> 3名の観察事例から得た「思いやり行動項目」

① 相手の気持ちを汲もうとする表出
1．困っている子どもにやさしくする
2．他児にトラブルがあると気づかわしげにそばによってみる
3．許してあげる
4．大事なものをゆずる
5．新しく転園してきた子どもを誘って遊ぶ
② 相手に気持ちを汲んでもらおうとする表出
6．許してもらおうとする
7．大事なものをゆずってもらう
③ 相手を援助しようとする表出
8．様子を見て助けてあげる
9．自ら他児の面倒をみる
10．先生に頼まれて、他児の面倒をみる
11．わからないでいる他児に教える
④ みんなと協力しようとする表出
12．自ら気がついて全体の役に立つ
13．遊んでいるグループの世話をする
14．友だちを誘って、一緒に遊具を運ぶ
⑤ 情緒を素直に表現する表出
15．悲しげに泣く
16．うれしそうに笑う
17．楽しそうに笑う
18．一人でいるのをさびしがる
19．くやしいときにくやしがる
20．怒りたくなったときに怒る
⑥ アイデアを豊かに表現する表出
21．友だちとおもしろいアイデアを出して遊ぶ
22．アイデアの豊かな遊びをするためにリーダーとなる
⑦ 相手と気持ちを共有する表出
23．友だちの病気やけががよくなると喜ぶ
24．友だちが悲しそうだったら悲しくなる
⑧ 相手との関係を深めようとする表出
25．ふざける
26．けんかをする
27．葛藤する
28．トラブルをうまく収拾する
⑨ 相手の心に積極的に関心をもつ表出
29．相手に気持ちを積極的に聞く
30．ありのままを認める
31．相手の心を理解しようと考えたり質問したりする
32．痛みや喜びを感じ取り具体的にそれを伝える
33．相手の反応から自分の行動を振り返る
34．自分ならこうすると判断して言葉で伝える

2．思いやりの育ちを横断的に見る
―「思いやり観察項目」の作成と思いやりの構成要因―

　前節では3人の子どもを観察し、その事例を整理、分類、検討することによって、子どもの「思いやり」が育つ過程と、それをまとめた「思いやり行動項目」の作成ならびに出現状況について記述してきました。この節では、（1）で9大項目34小項目の「思いやり行動項目」の妥当性を検証し、観察者の信頼性・客観性を得るために実施した調査結果の概要と、調査から得た結果を研究グループで討議し、作成した10大項目と50の小項目の「思いやり観察項目」について記述します。（2）では「思いやり行動項目」をもとに作成した「思いやり行動チェックリスト」を用い、3歳から5歳までの「思いやり」の出現状況を保育者がチェックし、その結果から得た各年齢別の「思いやり」の因子を抽出し、横断的に「思いやり」の育ちを記述します。

　これまで私たちの研究グループでは、調査や実験などを用いた統計的手法に依存した研究をしないことを前提としてきました。そのために前節で記述しましたように、観察によって「思いやり」の研究を進めてきました。しかし、これまでの研究を保育に活かし、子どもの成長の糧となるような資料を作成し、保育者による子どもの「思いやり」の育ちの観察眼を豊かにしたいと願い、多くの保育者の意見を得るために、「思いやり」の育ちを観察する調査を実施することにしました。調査を実施するにあたり、これまでの観察の仕方を踏襲するために、遊びを活動の中心に据えた幼稚園を観察協力園として選定しました。その幼稚園の保育者には、数回のミーティングを行い、これまでの観察の視点を紹介し、自然観察法により子どもを観察し、以下の要領で「思いやり行動項目」のチェックと項目に加えたい事例を記述していただき研究に協力していただくことになりました。調査結果の処理については、統計処

理を行いました。以下、横断的に見た「思いやり」の育ちについての調査の概略を述べます。

（1）「思いやり行動項目」から「思いやり観察項目」を作成する

まず、これまでの観察事例から得られた「思いやり行動項目」が確かなものであるかを検証するために、項目の妥当性・客観性・信頼性の検討を以下の要領で行いました。

- 観察協力園　　東京都内幼稚園4園／東京近郊幼稚園4園／地方幼稚園3園　　計11園
- 実施年月日　　1990年1月～3月
- 調査方法　　　「思いやり行動チェックリスト」（表4に評定尺度のみ記載）により同じ観察児を2人の保育者が、項目ごとに遊んでいるときに得られた「思いやり行動項目」を保育後にチェックし、その他気づいたことを記述により記入する。
- 観察児　　　　年長児各園2～3名をアトランダムに抽出、計47名

〈表4〉「思いやり行動チェックリスト」評定尺度

評定の各行動項目は表2左に記載したものを使用、ここでは省略。
評定はそれぞれの項目を以下5段階で評定をする。
　　　5．確かに見られる
　　　4．かなり確かに見られる
　　　3．ほぼ確かに見られる
　　　2．あるように思う
　　　1．まったく見られない

上記の要領により観察者が、各園の子どもの「思いやり」をチェックしました。2人の観察者が同じ子どもを同時に観察し、それぞれの観察者の各観察項目の一致を見ることができるかどうかで客観性を確かめる調査と、1人の観察者が同じ子どもを1週間の間隔をおいて2度観察し、項目の評定の一致度を見ることによって信頼性を確かめました。

　その結果、客観性の調査は、平均77％の一致度を見ることができ「思いやり行動項目」としていずれの項目も客観性があると判断しました。信頼性の調査は、88％の一致度を見ることができ、同じくいずれの項目も信頼性があると判断しました。したがってこの「思いやり行動項目」は妥当性があり、「思いやり観察」の指標として使用できると判断しました。つまり、「思いやり行動項目」を使用して、子どもの「思いやり」の出現状況を観察することができるということです。しかし、大項目⑤「情緒を素直に表現する表出」と⑧「相手との関係を深めようとする表出」は一致度が低く行動項目の内容がとらえにくいことが判明しました。さらに記述による項目も保育者から多く追加されましたので、それらの結果を検討し、大項目「その他」を⑩として追加し、小項目も50に増やしました。

　また、この調査を実施し、保育者が子どもを観察するための視点や保育をする姿勢を同時に調査することができました。その詳細は、「幼児の思いやり行動の観察方法に関する研究」大妻女子大学紀要27号81頁から97頁に記載し、その一部を本書3章1節（p.65参照）にも記載してあります。おもな事柄として、子どもの観察を保育に活かすために保育者は、「ⅰ　表情をよく見てとらえる」、「ⅱ　子どもの葛藤はゆっくりした気持ちで見る」、「ⅲ　子どもの具体的な行動を見る」、「ⅳ　評価をもって見ない」、「Ⅴ　省察しつつ子どもを見る」などの、子どもを見る視点を得ました。さらに、「思いやり」の観察は、子どもの自由な遊びの場面で多く採取されることも確認しました。このような保育者から得た資料に基づき、新たに項目⑩「その他」を加え、

＜表5＞「思いやり行動項目」と「思いやり観察項目」対照表

―――― 部分は削除・修正個所
▓▓▓▓ 部分は追加・修正個所

大項目	1989年までに設定した小項目	1990年調査により修正・追加した小項目
①相手の気持ちを汲もうとする表出	1. 困っている子どもにやさしくする 2. 他児にトラブルがあると気づかわしげにそばによってみる 3. 許してあげる 4. 大事なものをゆずる 5. 新しく転園してきた子どもを誘って遊ぶ	1. 困っている子どもにやさしくする 2. 他児にトラブルがあると気づかわしげにみる 3. 困ったり悲しんでる人の様子を見て、声をかける 4. 許してあげる 5. 大事なものをゆずる 6. 大事な役をゆずる
②相手に気持ちを汲んでもらおうとする表出	6. 許してもらおうとする 7. 大事なものをゆずってもらう	7. 許してもらおうとする 8. 大事なものをゆずってもらう 9. 心配な気持ちをわかってもらおうとする 10. 嫌な気持ちを素直に相手に訴えわかってもらおうとする 11. 相手の了解をとる
③相手を援助しようとする表出	8. 様子を見て助けてあげる 9. 自ら他児の面倒をみる 10. 先生に頼まれて、他児の面倒をみる 11. わからないでいる他児に教える	12. 様子を見て助けてあげる 13. 自ら他児の面倒をみる 14. 先生に頼まれて、他児の面倒をみる 15. わからないでいる他児に教える
④みんなと協力しようとする表出	12. 自ら気がついて全体の役に立つ 13. 遊んでいるグループの世話をする 14. 友だちを誘って、一緒に遊具を運ぶ	16. 力を合わせてする作業に参加し全体の役に立つ 17. 遊んでいるグループの世話をする 18. 友だちを誘って、一緒に遊具を運ぶ 19. 提案や意見を言って、みんなの協力を得る
⑤情緒を素直に表現する表出	15. 悲しげに泣く 16. うれしそうに笑う 17. 楽しそうに笑う 18. 一人でいるのをさびしがる 19. くやしいときにくやしがる 20. 怒りたくなったときに怒る	20. 悲しげに泣く 21. うれしそうに笑う 22. 楽しそうに笑う 23. 一人でいるのに気づきさびしがる 24. くやしいときにくやしがる 25. 怒りたくなったときに怒る 26. うれしいときに心から喜ぶ

2．思いやりの育ちを横断的に見る

⑥アイデアを豊かに表現する表出	21. 友だちとおもしろいアイデアを出して遊ぶ 22. アイデアの豊かな遊びをするためにリーダーとなる	27. 友だちとおもしろいアイデアを出し合って楽しむ 28. イメージを豊かにもって遊ぶ 29. 工夫して遊ぶことを楽しむ 30. 自分の世界を楽しむ
⑦相手と気持ちを共有する表出	23. 友だちの病気やけがよくなると喜ぶ 24. 友だちが悲しそうだったら悲しくなる	31. 友だちの病気やけがよくなると喜ぶ 32. 友だちが悲しそうだったら悲しくなる 33. いじわるされた子どもと一緒になって怒る 34. 相手の行動に感心し心から喜ぶ
⑧相手との関係を深めようとする表出	25. ふざける 26. けんかをする 27. 葛藤する 28. トラブルをうまく収拾する	35. 相手との関係をつけたり確かめたりするためにふざける 36. けんかをする 37. 自分のとった行動についてどうしたらよいか気にしたり迷ったりする 38. トラブルをうまく収拾する
⑨相手の心に積極的に関心をもつ表出	29. 相手に気持ちを積極的に聞く 30. ありのままを認める 31. 相手の心を理解しようと考えたり質問したりする 32. 痛みや喜びを感じ取り具体的にそれを伝える 33. 相手の反応から自分の行動を振り返る 34. 自分ならこうすると判断して言葉で伝える	39. 相手の気持ちを積極的に聞く 40. ありのままを認める 41. 相手の心を理解しようと考えたり質問したりする 42. 痛みや喜びを感じ取り具体的にそれを伝える 43. 相手の表情や行動を見て自らの行動を振り返り、相手の気持ちを知ろうとする 44. 自分ならこうすると判断して言葉で伝える
⑩その他		45. 相手の身体などのハンディに気づき、自然に助ける 46. 新しく入園・転園してきた子どもに対して、自分から役立とうとする 47. 年下の子どもに対し、心づかいをする 48. けがなどをした動物の世話を懸命にする 49. 飼育物の死を悲しみ、涙する 50. ニュースや読み物などで苦しんだり困っている人を見て同情し、涙ぐむ

10大項目50小項目に修正し、「思いやり観察項目」として今後使用することになりました。しかし、大項目⑩「その他」の小項目に加えられた内容は、具体的な「思いやり」行動としてもとらえやすく、評価にも結びつきやすいことから今後の検討課題とすることになりました。これまでの「思いやり行動項目」と新たな「思いやり観察項目」を前頁、表5（p.52～53）に対比して記載します。

調査の詳細は、大妻女子大学紀要―家政系―27号（1991年）および日本児童学会「児童研究」第74巻（1995年）に記載されています。

（2）3～5歳までの思いやりの育ちを横断的調査により見る

（1）の調査を経て、「思いやり観察項目」が作成され、続いてこの50小項目の妥当性の調査を前回と同じ要領で実施しました。50小項目の評定尺度は表4（p.50参照）に示されているものと同様です。今回は3年以上の保育歴のある63名の保育者にチェックを依頼しました。その結果、信頼性は79％、客観性は60％でした。研究グループでは、この結果を協議し、「思いやり観察項目」50小項目は妥当性があると判断し、今後の「思いやり」の発達過程および精神構造の調査に使用すると同時に、保育者の「思いやり」観察の指標の参考資料とすることにしました。

この項では、表4の「思いやり行動チェックリスト」評定尺度表（p.50参照）により、（1）の調査で妥当性を得た「思いやり観察項目」および出現状況を3歳から5歳まで評定した結果を用い、横断的に「思いやり」の育ちを考察した内容を記述します。まず、50項目の平均値を年齢ごとに算出し、グラフに表し、年齢による思いやり行動の出現状況を比較しました。次にこの結果を用い、因子分析により「思いやり」の構成要因を抽出し、観察による「思いやりの育ち」と比較検討をしました。調査の詳細は「幼児の思いやり行動の構造解析」と題して第46回日本家政学会論文集（1994年）に記載

されております。

調査の方法の概要は次のとおりです。
- ○ 観察協力園　　　（1）と同様。(p.50参照)
- ○ 観察対象児と調査年月

1991年1月	5歳児クラス	63名
1991年1月	4歳児クラス	410名
1992年1月	5歳児クラス	300名
	4歳児クラス	20名
	3歳児クラス	91名
1993年1月	3歳児クラス	129名
	4歳児クラス	82名

集　計

3歳児クラス	220名
4歳児クラス	512名
5歳児クラス	363名
計	1095名

- ○ 観察者および評定者

3年以上の保育歴をもつそれぞれの年齢の担任または主任などのフリーの保育者。

- ○ 評定の方法

50の「思いやり観察項目」を5段階の評定尺度（p.50 表4と同様）により、保育者の記録およびこれまでの主観的観察また他の保育者の意見を参考に担任保育者が評定する。

- ○ 評定の処理

年齢クラスごとに、項目の評定を集計し、平均点を算出し、標準偏差値・相関係数を調べ、因子分析をする。その結果、各年齢の「思いやり」の因子

を追求する。(因子分析の資料は3歳児クラス1992・1993年220名、4歳児クラス1991年410名、5歳児クラス1992年300名を使用)

○ 各年齢クラスの50小項目別の「思いやり」の育ち

上記の方法により、観察全園児年齢別各項目の平均点を算出し下記のグラフに示し、3歳児クラスから5歳児クラスまでの「思いやり」の育ちの出現状況を比較考察しました。

3歳児クラスではほとんどの項目が、5、4歳児クラスに比べ評定が低くなっています。しかし、評定3の「ほぼ確かに見られる」が比較的に多く見られ、「思いやり」の前段階として「思いやり」がかなり明確に表れるようになっている様子を見ることができます。目だって低い項目は、「6．大事な役をゆずる」、「17．遊んでいるグループの世話をする」、「19．提案や意見を言って、みんなの協力を得る」、45以降の「その他」の項目で、他者受容

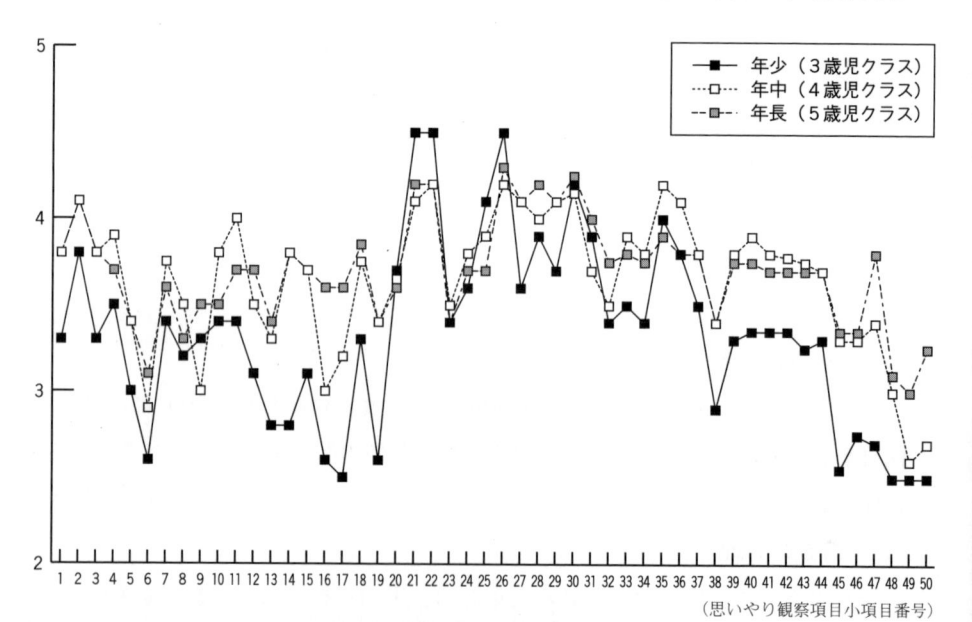

〈図3〉各年齢項目別平均点グラフ

を具体的に表す行為はあまり表れていません。一方、「20. 悲しげに泣く」、「21. うれしそうに笑う」、「25. 怒りたくなったときに怒る」の情緒の表出は、3歳児クラスが特に多く表れています。3歳児の他者受容にいたる前の自己受容の経験の表れとして受け取れます。これらのことから、この時期は「思いやり」の前段階の経験を大切にし、情緒の表出など自己受容が十分にできる配慮が必要であることがわかります。

　4歳児クラスでは、やや凹凸があり、項目に変化があります。「10. 嫌な気持を素直に相手に訴えわかってもらおうとする」、「11. 相手の了解をとる」、「35. 相手との関係をつけたり確かめたりするためにふざける」、「36. けんかをする」、「47. 年下の子どもに対し、心づかいをする」が5歳児より高い一方では、「9. 心配な気持ちをわかってもらおうとする」は、3歳クラスより低く、「16. 力を合わせてする作業に参加し全体の役に立つ」、「32. 友だちが悲しそうだったら悲しくなる」が低く表れています。項目によるこうしたばらつきは、葛藤の時期を表しています。保育者は、変化の著しい4歳児クラスには、ていねいに対応することが必要であることが、示唆されます。

　5歳児クラスでは、ほとんどの項目が4歳児クラスを上回っており、4歳児クラスより、さらに「思いやり」が明確に表れ、保育者も「思いやり」としてとらえやすく、子どもたちに働きかけやすい状況にあることがわかります。項目「49. 飼育物の死を悲しみ、涙する」、「50. ニュースや読み物などで苦しんだり困っている人を見て同情し、涙ぐむ」は、5歳児クラスが明らかに高い評定でした。子どもたちが、客観的な資料により状況判断をして「思いやり」を表すようになっています。しかし、この項目は前節でも述べましたが、実体験を伴っていない項目ですので単純に「思いやり」が育っていると判断することは早計です。

　以上、横断的調査による全体の単純集計から各年齢別に「思いやり」50

小項目の育ちを見ました。

○ 因子分析から年齢別の「思いやり」の構成要因を抽出

　この調査は、各項目総合点から標準偏差を算出し、各項目の相関を調べ、各項目が独立した項目になり得るか検討した後、因子分析を行い、50小項目がどのような共通因子によって構成されているかを年齢別に探りました。詳細は、日本児童学界「児童研究」第74巻（1995年）26頁～39頁に記載してあります。ここでは因子分析から得た結果から構成因子のみを、表6に記載します。

　そしてその因子解釈の結果に基づいて、3歳児クラスから5歳児クラスにいたる「思いやり」の表出の特徴と育ちを考察します。

　3歳児クラスでは、因子分析の結果から「思いやり」行動はかなりはっきりと表れてきますが、いろいろな要因が交差された形で表れていました。たとえば、第1因子に表れている要因は、協力、充実行動、気持ちの受け入れ、

〈表6〉因子分析から得た結果

因子番号 年齢	1	2	3	4	5	6
3歳児クラス	協力 充実活動 気持ちの受け入れ ゆずる	援助	状況判断	情緒表出	気持ちの訴え	自己主張
4歳児クラス	援助	気持ちの受け入れ 葛藤	充実活動	情緒表出	自己主張	状況判断
5歳児クラス	援助 状況判断	協力 充実活動	気持ちの受け入れ	自己主張	情緒表出	ゆずる

ゆずるといったように、まとまった要因になっていません。3歳児クラスで行動として表れる場合は、いろいろな要因が絡み合い、4、5歳児クラスの前段階として不確定な要因のもとで「思いやり」が表れる様子がとらえられています。第2因子援助、第3因子状況判断の要素も「思いやり」がこれから育つ要素として受け止められます。情緒表出は、第4因子として表れています。第5因子の自分の気持ちの訴え、第6因子の自己主張と合わせて3歳児クラスでの自己受容の経験項目として大切にしたい要素です。

　4歳児クラスになりますと、第1、2因子として援助・受け入れが「思いやり」の要因として明確に表れ、他者受容に移行する過程を見ることができます。しかし、第2因子に気持ちの受け入れと葛藤が同時に表れているのが特徴で、他者受容の移行過程であっても他者に共感するにはいたらない様子を見ることができます。援助や受け入れに続いて自己実現として考えられる第3因子の充実活動は、「思いやり」が育つ過程の要素として、大切な経験となっていることがわかります。第4因子の情緒表出、第5因子の自己主張は、3歳児クラスに続いて表れているのが特徴で、第6因子の状況判断へ移行する過程の大切な要素となっています。4歳児クラスでは、これまで研究してきました「思いやりの精神構造」の中核の要因が、明らかに因子として表れており、葛藤や自己実現の経験を保育のなかで大切にする必要をあらためて確認しました。

　5歳児クラスになりますと、援助行動と状況判断の行動が結びついて第1因子に表れていることが特徴です。「思いやり」がさらに明確に表れるようになっていることがわかります。続いて、第2因子の協力・充実、第4因子の自己主張、第5因子の情緒表出が表れ、5歳児クラスでも他者受容にいたるまえの自己実現の経験が必要であることを示唆しています。次に、第3因子の気持ちの受け入れ、第6因子のゆずるは、3歳児クラスの混沌とした要因から明確な他者受容の要因として独立して表れていることがわかります。

つまり、5歳児クラスでは、他児や保育者の要求を受け入れて、他者に「思いやり」としての行動や気持ちの表現として対応することが可能になることが示唆されています。

前項の年齢別50小項目素点評定グラフ表の結果と「思いやり」の育ちの表出現状況はあまり変わりません。

以上、年齢別に見た「思いやり」の出現状況を因子分析により、思いやりの構成要因を抽出し考察を加えました。なお、これらの3歳から5歳までの因子の要因を羅列し、これまでの「思いやり」の大項目と対比したのが表7です。

<表7> 因子分析から得た結果

因子分析により得た思いやりの構成要因	思いやり観察項目10大項目
自己主張	2. 相手に気持ちを汲んでもらおうとする
情緒表出（自己受容） 気持ちの訴え	5. 情緒を素直に表現する 2. 相手に気持ちを汲んでもらおうとする
充実活動（自己実現） 葛藤	6. アイデアを豊かに表現する 8. 相手との関係を深めようとする
気持ちの受け入れ（他者受容）	1. 相手の気持ちを汲もうとする 7. 相手と気持ちを共有する
協力 ゆずる（他者受容）	4. みんなと協力しようとする 1. 相手の気持ちを汲もうとする
援助 状況判断	3. 相手を援助しようとする 9. 相手の心に積極的に関心をもつ 10. その他

因子分析により得られた「思いやり」の要因は、これまで研究グループで「思いやり」項目として設定してきた大項目と一致しています。この因子分析から得た要因が、1章1節の図1 (p.16) の基盤となり、図2 (p.19) の資料となりました。

2．思いやりの育ちを横断的に見る　61

　以上が、私たちがとらえた「観察と調査による子どもの思いやりの育ち」です。1．の3人の観察児から縦断的に見た「思いやり」の育ちの経過と2．の調査によって横断的に見た「思いやり」の育ちの経過とその要素は、およそ一致していました。さらに調査の過程で得た多くの保育者の視点は、「思いやり」研究会として平井信義先生がまとめられた（日本保育学会41回大会──思いやりの精神構造とその発達過程について第5報──思いやり行動に対する観察法）観察の視点の裏づけともなりました。観察と調査の両面から、子どもの「思いやり」の育ちが、自己受容から他者受容にいたる過程でどのような経過をたどり形成されるかを問い続けた結果、他者受容にいたる前段階の自己実現が子どもにとって重要な役割を果たしていることが、明らかになりまし

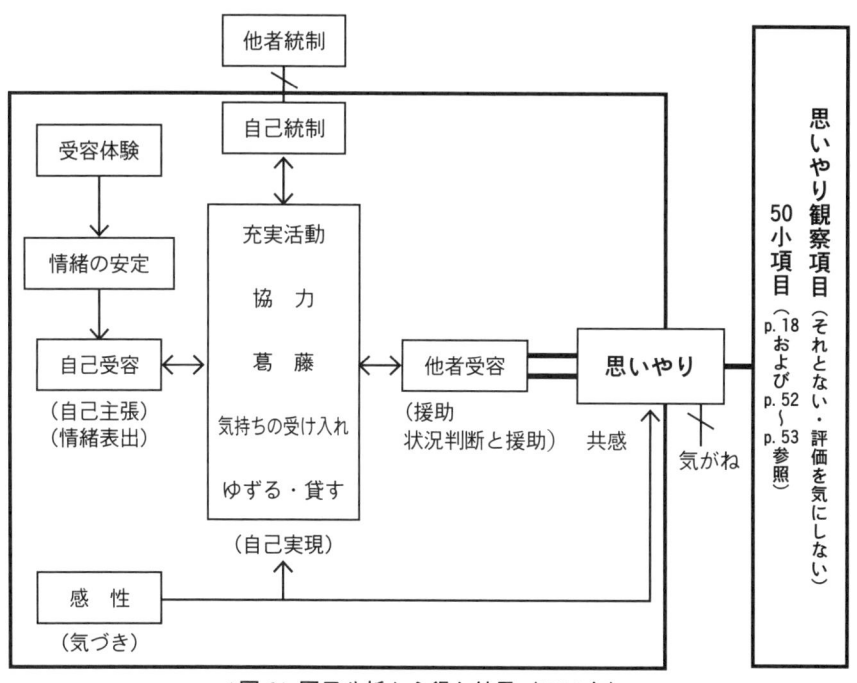

〈図4〉因子分析から得た結果（1994年）

た。具体的には、観察と調査の両方に表れている「思いやり」の要素としての、充実活動・協力行動・葛藤・友だちの受け入れ・ゆずるとか貸すなどの行動が、3歳から6歳にかけて、繰り返し体験する必要があるということです。こうした体験の繰り返しが、他者に共感する能力を培うことになります。これらのことは、以後の保育のあり方と研究の資料となりました。前頁の図4は、観察と調査の結果をまとめ、一覧表にしたものです。この表がさらに検討され1章2の図2（p.19）になったのです。

3章

思いやりの育ちから見えるもの

1．思いやりが育つことの意味
——人が共に生きるために——

　私たちは、これまで22年間にわたって「思いやり」の研究を続けてきました。その研究経過については、1章、2章に記されているとおりです。私たちが、このように長年にわたって「思いやり」の研究に携わってきましたのは、人が人と共に生きていくための人格形成に「思いやり」の育ちが、重要な影響を与えると考えたからです。子どもが、乳児期から幼児期にかけて大人や子ども同士の関わりが生じるようになると、他者とどのように関わって生きていくかのさまざまな体験をしながら、互いを尊重し、支え合い、人と共に生きていくための多くの事柄を学んでいきます。私たちは、こうした子ども同士、子どもと大人との関わりの様子を、「思いやり」の発達過程とその精神構造を研究するなかで観察してきました。そして、その過程で生じる「情緒的系列の心のはたらき」（『思いやりを育む保育』新曜社、1999、p.5参照）としての「思いやり」が、人がお互いを支え合い、共に生きるために、重要な役割を果たしていることを学んできました。さらに、この研究過程での長期間の観察と多くの子どもの観察を通し、「思いやり」が育つことにより人との信頼関係が育ち、それが、豊かな人格形成を築くことになることを確信しました。このことは、子どもが、自らの存在の意味と他者の存在の意味を獲得することであり、人が共に生きることの意味を学ぶことであり、生きることの価値を学ぶことでもあると考えています。

　私たちの「思いやり」研究会の指導者として研究を支え、メンバーとして共に研究を担ってくださった平井信義先生は、「思いやり」が育つことの意味について、「自発性の発達が人格形成の重要な柱であり、その発達を援助するためにあらゆる努力をしなければなりませんが、一方では自己統制の能

力を育てる必要があり、そのためには「思いやり」の発達を援助しなければなりません。……「思いやり」による自己統制の能力の発達は緩慢な経過を辿るものであることを十分に認識している必要があります。」(『思いやりを育む保育』新曜社、1999、p.5参照)と述べています。「思いやり」を概観するにあたり、その意味を追求するために、示唆に富んだ意見として大切にしたい発言です。

　この節では、2・3・4・5歳の子どもが、どのようにして自らの存在を感じ取り、他者の存在に気づき、お互いを尊重するために自分と他者の間で葛藤し、人と共に生きることの喜びや意味を獲得し「思いやり」が育っていくかに視点を当て、観察事例を通して、思いやりが育つことの意味を追求してみたいと思います。

　「思いやり」が育つことの意味を、観察事例を通して考察するにあたり、観察者の事例選択や観察姿勢に影響されることが多々あると考え、まず、「思いやり」を観察するための観察者の考察視点と基本的な姿勢をこれまでの研究 (「幼児の思いやり行動の観察方法に関する研究」大妻女子大学紀要第27号 p.81～97 長山・千羽・平井) を参照に要点をまとめて述べてみます。

● 「思いやり」が育つ過程を観察し、その意味を考察するための視点と姿勢

① 人間性を支える立場で観察し考察する
・観察児を評価の対象としない
・観察児を受け入れる姿勢で観察する
・観察児に対する固定概念をもたない
・観察児が不都合な状況になった場合は観察を中止する
・観察児と観察者の間に問題が生じた場合は中止する
・観察児の背景となる家庭を重視する

② 観察者が観察児と生活するなかで観察したものを考察する
- 主観的に観察する
- 共感的に観察する
- 直観力をもって観察する
- 表情を読み取る
- 観察者の個性を重んじる

③ 生活全体を総合的に観察し、そこから「思いやり」の育ちを考察する
- 自然観察法によって観察し、考察する
- それとなく、ありのままに出現している事柄を観察する
- 観察した事柄をエピソードとしてまとめ考察する

④ 螺旋状の成長過程を想定し、発達が行きつ戻りつなされ、さまざまな状況が出現することを前提としてとらえ観察し考察する
- 追跡的に観察する
- 発達全体を視野に入れて観察し考察する

⑤ これまでに作成された「思いやり観察項目」に沿って観察し考察する
- 「思いやり」が育つ過程で出現する観察項目に注目する
- 観察項目以外の行動や気持ちの表出にも注目する

　上記の観察姿勢と視点のように、この研究が、人の心の働きに触れる観察であり、考察であることを考慮して、私たちは客観的、実験的に子どもを観察することをできるだけ避けました。それは、人が共に生きるためにどのように「思いやり」が育っていくか、子どもの心の内面の発達としてとらえるために、子どもが自発的に、自然に表れる行動や気持ちの表出を、観察者も共感的にとらえたかったからです。

　以下の事例から、2歳から6歳にかけて自己と他者との関係のなかで育つ

1．思いやりが育つことの意味　67

「思いやり」の姿から、子どもが人として「大きくなっていく」様子を追求してみます。

（1）自らの存在を問う　──Ｉ美の「2歳3か月」の事例から──

【事例】

　Ｉ美は2歳年上の兄Ａ也とプラモデルの電車を使って遊んでいる。Ａ也は電車の線路づくりに夢中になっている。Ｉ美も線路を運び、兄の指示に従いながら楽しそうに線路を並べている。線路の配置が複雑になってくるとＩ美は、どの線路を運んできたらよいかわからなくなり、線路の中央に座り込んでしまう。Ａ也は全体の様子を見て、線路を並び替えている。ふと、Ｉ美の様子に気づき「邪魔だな」とつぶやく。Ｉ美は、いつも一緒に遊んでくれる兄と様子が違うことに気づき、しばらく兄の表情を見ていたが突然「馬鹿にされた」と大声を上げて泣く。兄は「邪魔なんだよ」と言うが、さらにＩ美は「馬鹿にされた」と激しく泣く。Ｉ美の「馬鹿にされた」という表現ははじめてであった。

　Ｉ美は、第3子で家族のみんなからかわいがられて育ってきました。言葉は、6歳年上の姉と2歳年上の兄の影響とその友だちの影響もあり、比較的に豊富でした。しかし、「馬鹿にされた」という表現ははじめてでした。2人のそれぞれの表現は、Ｉ美の存在がその場では、邪魔になっているということが観察者にも伝わり、2人の気持ちに共感できました。

I美が1歳前後のころは、兄の遊びの邪魔をすることがあり、物の取り合いや、押し倒し排除しようとするトラブルがしばしばあり、母親が仲介に入ることが多くありました。I美が、2歳近くになり兄の遊び方を学ぶようになると兄と同じことをし、兄も妹を受け入れるようになっていました。この日も兄の好きな電車遊びに黙って加わり、線路を一緒に運び、自分も兄と同じように遊んでいると思っているようでした。そんなとき、兄に「邪魔だな」と言われ、はじめて、自分の立場に気づきました。自分の存在が否定されたことに「馬鹿にされた」と表現して泣きます。兄に再び念を押されるように「邪魔なんだよ」と指摘され、さらに激しく泣きます。

　この事例に示されているように、I美は、乳児期に経験した大人に受け入れられる関わりから脱し、子ども同士の積極的交渉期に入っており、大人の仲介なしに、自分の主張を表して、兄と関わろうとする様子を見ることができます。兄とのやりとりのなかで、自分の存在をはじめて認識することができたようでした。兄との遊びを通して、I美は自らの存在を問い、相手に対して積極的に交渉し遊びを獲得していく経験をしました。この経験は、相手の立場を考えるよい機会となりました。大人との関わりのなかでは経験できない事柄です。「邪魔なんだよ」と念を押され、引き下がざるを得ない状況に置かれ、そこから相手に積極的に交渉をはじめる経験が、相手との関わりを深めていきます。「馬鹿にされた」という表現は、適切でなかったかもしれませんが、I美が後に、人の心を理解しようとする姿勢に影響を与えた大変意味のある出来事でした。他者との関わりのなかで、自らの存在を認識することは、「思いやり」の発達に重要な影響を与えると同時に、人と生きていくための基本的な経験となります。

　この事例を考察するにあたり、子どもとの関係、大人との関係がどのように形成されていくか「対人関係の発達」（津守真他共著編『乳幼児精神発達診断法』大日本図書、1965）と、I美の「思いやり」の育ちとの関わりとを、表8

のように比較してみました。対人関係の発達は「思いやり」の育ちに深く関わっていることを、Ⅰ美の育ちからも学ぶことができます。また、「思いやり」が育つことによって、対人関係も豊かに育ち、人が共に生きる経験を深めていきます。

<表8> Ⅰ美の「思いやり」の育ちと対人関係

対人関係の発達（津守他による）				Ⅰ美の思いやりの育ち	
大人との関係		子どもとの関係			
Ⅰ	0〜5か月 大人に対する受動的反応			Ⅰ	3〜18か月 姉・兄にかわいがられる
Ⅱ	0〜5か月 大人に対する差別的反応				
Ⅲ	7〜9か月 大人に対する積極的な働きかけ				
Ⅳ	10〜21か月 大人との相互交渉の発生	Ⅰ	13〜20か月 子どもとの受動的関係	Ⅱ	15〜20か月 兄から疎外され母が仲介する
Ⅴ	21か月〜 自己統制	Ⅱ	21〜35か月 子どもとの積極的交渉	Ⅲ	26か月 自らの存在を問う （馬鹿にされたと発言）
Ⅵ	3〜4歳 要求適応	Ⅲ	36〜53か月 相互交渉・自己顕示	Ⅳ	30〜38か月 貸したり借りたりして喜んで遊ぶ
				Ⅴ	39か月 幼稚園入園
				Ⅵ	45か月 親しい友だち2人とごっこ遊びをする 「がまんしたの」と発言
Ⅶ	5〜6歳 自立生活の拡張	Ⅳ	54〜84か月 集団意識明りょう	Ⅶ	56か月 友だちのMの病気を気づかう 「Mちゃん痛いだろうな」とつぶやく

（2）他者の存在に気づき受け入れる
——U香の「3歳3か月～3歳10か月」の事例から——

　U香は、3月生まれで、4月から幼稚園に入園し、はじめて集団生活を送っています。家族は、両親、4歳年上の兄と近くに祖父母が住んでいます。U香が、はじめての集団生活のなかで、他者の存在をどのようにして受け入れ、「思いやり」が育っていったかその過程を観察し、その事例から「思いやり」が育つことの意味を考察します。

【事例1】

　U香は、幼稚園に入園して2か月後、帰宅の時間に母親が迎えに来ると、母親の顔を見て激しく泣きはじめる。母親が「どうしたの」と聞き、抱き上げようとすると首を振って拒否し激しく泣く。「疲れたのね」と語りかけるがさらに泣く。母親は「疲れると、ときどきこうなります」と言う。保育者が近づき「U香ちゃん何がしたいの、抱っこしようか」と手を差し出すと拒否する。U香は、突然「ぐちゃぐちゃになっちゃったの」と繰り返し言い、大声で泣く。保育者は一瞬戸惑うが、U香が大勢の友だちのなかで混乱し、疲れている様子を感じ取る。「そうか、U香ちゃんが、ぐちゃぐちゃになったんだ」とU香の手を引き、本を読んだり、歩きまわったりしてみる。少し落ち着いたU香を抱き、母親に渡す。母親の胸に、顔をうずめ泣きながら帰宅した。（6月15日）

　U香の「ぐちゃぐちゃになっちゃったの」という表現は自分の意図したことや行為を、幼稚園での他者との生活のなかで実現できず、ジレンマに陥った様子が実に的確に表現された言葉でした。U香は、これまで家庭のなかでは、自己主張をまわりに受け入れられ、自分のやりたいことが比較的スムーズに行われてきたと思われます。しかし、両親や兄、祖父母にかわいがられ自分のしたいことはほとんど実現していましたので、他者の気持ちに気づいたり、相手の気持ちを汲むという経験は少なかったようです。入園後、同年

齢の他者の存在は、自分がやりたいことをするために障害となり、U香に混乱を起こさせていました。保育者は、楽しく遊んでいると思っていましたが、U香は、友だちとどう関わってよいか、大勢のなかで自分のしたいことをどう実現してよいか混乱を起こしていたのです。U香は他者の存在に気づき、これまでの大人とは異なった他者とどう関わったらよいか模索しはじめます。U香が、その後の経験を通して相手の気持ちをどのように汲みながら友だちとの関わりをつくっていくか、さらに、事例を通して考察してみます。

【事例２】
　H代が机の上で製作に熱中している。保育者が、H代の作品を褒める。U香はV子とその作品を見ている。その視線を感じたH代は、作品をもって移動する。U香は、突然、紙の筒でH代を叩く。H代は、関係のないV子を手で叩く。V子が泣く。保育者は一瞬のこの出来事を把握できず、H代とU香に「どうして叩いたの」と少しきつく注意する。U香は「H代ちゃんがぐちゃぐちゃだから叩いたの」と答え、H代は「やっつけたの」と答える。（9月27日）

　2学期に入り、U香は他者の存在を少しずつ認識し、そのなかで自己主張し、自分のやりたいことを可能にする方法を探りはじめていました。1学期の混乱状態から、やや抜け出した様子が見えました。この日、H代の作品をめぐって、U香はV子と一緒にH代に関わりをもとうとしたようです。しかし、H代が、作品をもって移動したことからU香はH代を攻撃したようでした。U香は攻撃した理由を聞かれ、「ぐちゃぐちゃだから叩いたの」と答えます。H代に関心がある自分の気持ちを表現できなかったようです。保育者もU香の気持ちを理解することができず、V子の対応に追われます。その後も、U香はH代に関係をもとうとしますが、一緒に遊ぶことができませんでした。
　この出来事は、U香がH代に関心をもち、他の友だちに対しても積極的に働きかけをはじめた出来事として、大切な経験となりました。

3章　思いやりの育ちから見えるもの

【事例3】

　U香とV子とH代が保育室の前の廊下の平均台で遊んでいる。年長のT世が遊び方を教える。H代は理解できるが、U香とV子は、理解できない。H代がU香に「違うでしょ」と言って軽く頭を叩く。保育者が「叩かないで教えて」と言うとU香は「いいの」と言い横を向く。P太が、その様子を見て「Uちゃん、外へ行こう」と誘う。P太もよく友だちから叩かれて泣く。2人は外へ行き、木の実をとって明るい表情で帰ってくる。U香は、平均台で遊んでいるH代たちを見て「いいの」と自分に言い聞かせる。（10月3日）

　U香は、9月27日の事例以来、H代と関わりをなんとかもちたいと試みましたが、なかなかうまく関わることができませでした。保育者が仲介しますが「いいの」と拒否をします。P太がU香の様子に共感してU香を誘いますと、それに応じてしばらく一緒に時を過ごし、再び、H代のところに戻ってきます。H代の存在を確かめて「いいの」と自分に言い聞かせます。自分と他者の関係を確かめているようでした。「いいの」という表現から、保育者の仲介なしに自分で積極的にH代に交渉し、関係をもちたいという意志が伝わってきました。

1．思いやりが育つことの意味

【事例４】

　Ｕ香は、Ｐ太と裏庭で遊ぶ。Ｕ香は、丸木小屋の上で遊ぶことを提案するがＰ太に拒否される。顔をＰ太にくっつけて「どうして嫌なの」と聞く。Ｐ太は、不愉快な表情をして「そんなところで遊びたくないの」と言う。Ｐ太が去ろうとすると、Ｕ香は慌てて「ここはこわいの？」と聞く。Ｐ太はうなずく。Ｕ香はＰ太の気持ちに気づき、小屋の下で遊ぶ提案をする。Ｐ太は、にっこり笑い小屋の下で遊びはじめる。２人は、満足した様子で、昼食まで遊ぶ。（11月29日）

　Ｕ香は、気持ちの通じ合うＰ太に自分の提案を拒否され、Ｐ太の気持ちに気づきます。「ここはこわいの？」と聞くＵ香は、Ｐ太の気持ちを汲んでいました。その気持ちを受け入れ遊びはじめます。自分の主張と他者の主張を調整してはじめて遊びを実現できました。お互いに自分の意見を交わしながら、長時間一緒に遊びます。Ｐ太の気持ちを汲みながら遊んだ経験が、Ｈ代に再び積極的に働きかける経験へとつながっていきます。

【事例５】

　となりの保育室に、粉粘土が用意されている。Ｕ香は、となりの部屋に数回行き、様子を観察している。保育者に「Ｕ香ちゃんもやってみない」と誘われる。Ｕ香は、自分の保育室に戻りＨ代に「粘土あるよ」と、となりの保育室を指差す。Ｈ代は、にっこり笑いとなりの保育室に向かう。Ｕ香もあとを追う。Ｈ代は、すぐに、空いている席を見つけて座り粘土をはじめる。Ｕ香は、椅子を探しＨ代のとなりに無理に椅

子を入れる。H代は、U香の顔を一瞬見ているが、自分の椅子をずらし、U香を自分のとなりに座らせる。U香はうれしそうに何回も粉粘土のにおいを嗅ぎながら、丸めたり伸ばしたりする。H代は作品をつくりはじめる。その様子を見てU香は声を立てて笑う。(1月20日)

　年が明けて、3学期がはじまります。3歳の年少組の子どもたちは、それぞれに成長し、幼稚園にすっかりなじみ、自分の居場所が明確になってきた

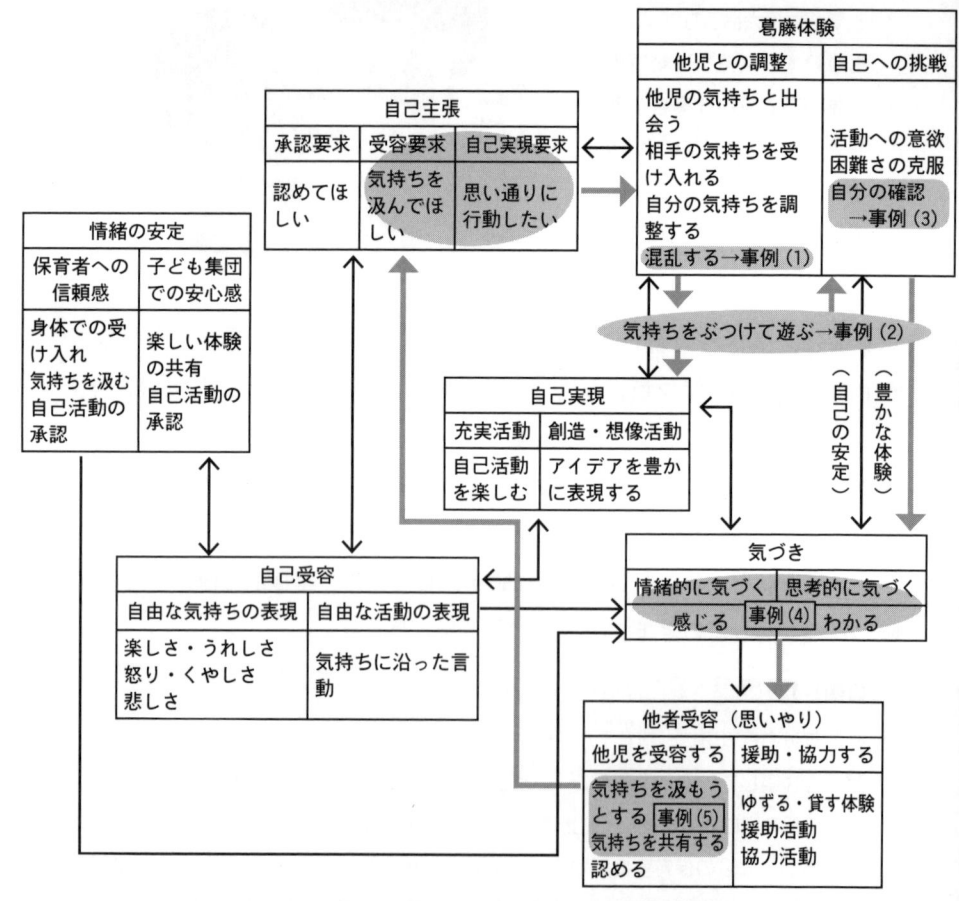

〈図5〉U香の3歳年少組時の思いやりの発達過程

ようでした。U香は、P太との関係から次の友だち関係に興味が進み、1学期に見られたような不安な表情は見られなく、混乱した発言や様子も見られなくなりました。H代に対する興味は続いていましたが、一緒に遊ぶ機会はありませんでした。そして、この日やっと念願がかなって、H代と一緒に活動をすることができました。U香が声を立てて笑う様子に、H代がU香の存在をやっと認め、それを認識することができたU香に、観察者は心から喜びを感じることができました。U香が、他者の存在に気づき、他者の気持ちを汲むようになり、やっと人と共に過ごすことに、喜びを見出すことができた出来事でした。U香の「思いやり」の育ちを見ることができると同時に、「思いやり」が育つことにより、人と共に生きる喜びと「大きくなっていく力」を見ました。

　U香の他者の存在を受け入れる経緯を、1章図2（p.19参照）に基づいて前頁図5のように、網かけで示してみましたので参照してください。

（3）再び自らの存在を問う　―A也の「4歳5か月」の事例から―

【事例】

　A也は、幼稚園の年中組に進級した。6月の上旬ころまでは喜んで幼稚園にでかけた。中旬ころになると幼稚園に行くことをあまり喜ばなくなった。妹のI美と遊んでいたほうが楽しいという。母親が「どうして幼稚園は楽しくないの」と聞く。A也は、しばらく考えて「誰も僕のことを呼んでくれない」と答える。年少組のときは、A也が少し遅れて登園しても、保育者も友だちも迎えてくれ、遊びの仲間に誘われ一緒に遊んでいた。A也は、幼稚園から少し距離があるところに住んでいたため、バス登園をしていた。そのため、遅れて登園することがあった。子どもたちが、年中組になり、仲間関係が密になり、遊びも充実するようになると、遊びに熱中し、遅れて登園するA也の存在に気づく子どもがいなくなったようである。保育者も、子どもの人数が多くなり、行動範囲が広がった子どもの活動に対応するため、これまでのように、A也の登園の時間に配慮できなくなったようであった。A也は

自分が1人で、遊ぶ友だちがいないことに気がつく。仲間に入ることもできず、しだいに幼稚園に自分の居場所がないことを、不安に思うようになった。母親が、マリホール・エッツの『わたしとあそんで』(福音館書店)を読み聞かせ、「A也が得意なことをして、じっとしているとかならず誰かが声をかけてくれるよ」と、励ます。その後、A也は登園すると、得意の折り紙をするようになった。すると、友だちが「何をつくっているの」と、たずねるようになり一緒に活動するようになる。A也は、7月にはいるとまた喜んで登園するようになった。

　(1)で、2歳のI美の事例を通し「自らの存在を問う」と題して、子どもの対人関係が成立する過程で、自分の存在に気づき、葛藤を通して思いやりが育つプロセスについて考察しました。4歳で再び対人関係を通して、自らの存在を問うときがきます。私たちのこれまでの「思いやりの発達過程」の研究の結果からも、同じような事例を数多く収集しました。3歳の年少組のときに表れていた「思いやり」も、4歳の年中組では少なくなり「思いやり」とは逆の葛藤やトラブルなどの表出が多くなることを確認してきました。「思いやり」が育つ過程で、葛藤の経験は、他者の気持ちを汲んだり、認識したりするために、大切な経験と考えています。A也は年中組になり、友だちとの関わりのなかで、自らの存在を問うような葛藤をします。しかし、自分が受け入れられていないと自問する経験を通して、他者の存在を確認し、人と共に生きていくために他者とどのように関わったらよいかを学ぶことになりました。楽しい経験や嫌な経験を体験しながら、自分の存在や他者の存在を確認することは、子どもが「大きくなっていく」ことを、自分で確認することになります。A也は、母親の助言や保育者の援助で、再び友だちとの関わりを回復することができました。子どもが「大きくなっていく」ことを感じられるためにも「思いやり」の育ちは大切です。

　2歳のときの「自らの存在を問う」経験と、4歳に「再び自らの存在を問う」葛藤の経験は、他者を認識するための大切なステップとなります。『熊のプー

さん』の作者ミルンは『母ありてこそ』（周郷博、国土社）に、1歳から6歳までの心の成長過程を、次のように表しています。

　　　一つのとき　　　なにもかもはじめてだった。
　　　二つのとき　　　ぼくは、まるっきりしんまいだった。
　　　三つのとき　　　ぼくは、やっとぼくになった。
　　　四つのとき　　　ぼくは、大きくなりたかった
　　　五つのとき　　　なにからなにまで　おもしろかった。
　　　いまは六つで　　ぼくは、ありったけ　おりこうです。
　　　　　　　　　　　だからいつまでも六つでいたいとぼくはおもいます。

　子どもが「大きく」なっていく過程で、2歳の「しんまい」のときと4歳の「大きくなりたい」ときは、葛藤を通して自分の存在と他者の存在を自覚する大切なときであることを、この詩からも教えられます。ミルンは、児童文学の古典を書き表した人として、子どもの心を、実に的確に表現している作者です。1つのときから6つのときまでの、子どもの心の動きを味わうことのできる詩です。「思いやり」が育つ過程で子どもが経験する事柄が、この詩に表されており、「思いやり」が育つ意味が込められています。

　子どもたちが、「自らの存在を再び問う」この前後の経験を、十分にできる支えを大人が愛情をもってするとき、「思いやり」は順調に育つことになります。

（4）共に生きることの意味 ―L太の「5歳7か月」の事例から―

【事例】

　登園してきたL太は、仲間の友だちを集め相談をはじめる。鞄をロッカーに投げ込むようにして入れ、外に飛び出す。砂場に集合し、5人の友だちと相談をして役割を決め作業を開始する。砂をふるいにかけ、山のようになると、中央に穴を開け、水汲み係が水を注ぎ込む。他の2人の子どもは、スコップを持ち砂山の両側から水と砂を混ぜる。水と砂が適当な硬さに混ざり泥になったところをL太が見定め、5

個のバケツに泥を、それぞれが入れるように指示をする。5人は、バケツをもち築山の横の塀の前に運ぶ。塀の壁が半分ほど壊れて落ちている。L太の指示で、バケツのなかの泥を壊れ落ちた壁に塗る。L太は、バケツに水を入れ、シャベルを濡らしながら泥を塗るように、みんなに指示をする。昼食まで活動が続き、お弁当もござを敷いてみんなで食べ、その後、横になって休憩をする。休憩の後、使った道具をきれいに洗って終了した。満足気に帰りの支度をする。

　この日のL太の活動は、見ていた保育者にも充実感を与えるほどでした。子どもが、満足してこのように精一杯遊ぶことができた日は、保育者も満足感を得て、精一杯子どもと過ごした充実感に満たされます。この活動の1週間前に、L太の自宅の近くで、改築をする家がありました。大工仕事に興味のあるL太は、その様子を逐一見ていたようです。特に、壁を塗る様子に興味をもったのでしょう。幼稚園に来るまえからその活動を実現しようと、目的をもって幼稚園に来た様子がわかります。このごっこ遊びは、初めと終わりが実にはっきりとしており、内容の流れもしっかりと組み立てられ、L太

のイメージが、的確に実現されているごっこ遊びでした。参加していた友だちの役割分担も明確に決められ、それぞれの存在が生かされており、お互いが協力する意味を感じながら活動していました。子どもがごっこ遊びで経験する大切な事柄を、全部取得している様子を見ることのできた活動でした。

　私たちは、「思いやり」の育ちを研究するなかで、遊びを通して経験する「自己充実」は「自己実現」につながり、さらにその経験を他者と協力することによって、他者受容を可能にし「思いやり」を育てる結果となることを、多くの観察事例から学んできました。子どもの「思いやりの発達過程」の中核の内容には「みんなと協力しようとする」「アイデアを豊かに表現する」「相手との関係を深めようとする」を考えています。L太たちが経験したこの日のごっこ遊びは、友だちと一緒にいることを実感し、お互いの存在を重んじながら、自分たちのアイデアを生かしきった上記の自己実現の内容を経験することができたのでした。

　「思いやり」が、豊かに育つために、私たちが前回書き表した『思いやりを育む保育』（新曜社 p. 187）のなかに、遊びのなかで育つ「思いやり」について記してありますので、次に引用します。

　「幼児は、人とふれあう遊びのなかで、さまざまな経験をします。そこで、「思いやり」の観察行動項目のかかげた経験を全てしているといっても過言ではないと思います。幼児の「思いやり」行動は、総合的でのびやかな活動ができる遊びを通して育まれていくことを、「思いやり」の行動観察のなかで確認してきました。イスに座って学習するという形からは経験できない心の動きであると思います。ですから保育の中での遊びは、幼児が大人にコントロールされることのない自由感を持って、遊ぶ「とき」と「場」が保障されなければなりません。……」

　子どもが、遊びを通して「共に生きることの意味」を獲得していくことを、保育者が認識し、それを保障したいと思います。人が共に生きていくために、「思いやり」が育つことの意味を確認したいものです。

（5）「大きくなる」ということについて

　この節では、人が共に生きていくために、「思いやり」の育ちが、重要な役割を果たしていることについて述べ、その意味を追求してきました。特に、子どもの対人関係のなかで育っていく「思いやり」の様相を2歳から5歳までの事例を通して考察しました。そのなかでしばしば、成長という言葉に代えて「大きくなる」という表現を使いました。それは、これまで私が、子どもと生活を共にし、保育をするなかで、子どもが「大きくなる」ということに憧れている様子に出会い、成長という言葉では表現することのできない「大きくなる」という言葉に、特別な意味があると感じたからです。子どもは、みんな「大きくなりたい」と願っています。いろいろな事情で、「赤ちゃんに戻りたい」と思う子どももいますが、それは一時的なことです。誰でも、どんな事情があっても、ほんの少しずつでも、また退行したり、変化があっても、子どもはみんな「大きくなって」いきます。子どもも「大きくなる」ことを信じて生活するところに、生きる意味を見出すことができるのです。「思いやり」の育ちも、子どもが「大きくなる」過程で現れる心の働きです。ですから子どもが「大きくなった」と自ら感じるためにも「思いやり」が育つことを大切にしたいと思います。

　「大きくなる」ことの意味について児童文学者の清水真砂子氏は、著書『子どもの本とは何か』(p.14) のなかで、

　「人生は生きるに値するということは、別の言い方をすれば、大きくなるってすてきなこと、成長するってプラスの価値をもつものだということです」

と述べています。

　子どもたちが「大きくなる」という実感をもったとき「人生は生きるに値する」ことの基盤を培うことができることになると思います。それが「思いやり」が育つ意味なのです。

２．思いやりは道徳性につながるか

（１） Ａ子の思いやりの育ち

　幼稚園に４歳で入園したＡ子は、入園当初は保育者をわずらわすことはなく、１人で製作をしたり、絵を描いたりしていましたが、表情が固く、まわりが見えていない状態で、自分の世界を守っている感じがしました。

　保育者もなるべく要求にそうように関わったことから徐々に自分のイメージに合うような素材を保育者に求めてくるようになり（たとえば、できるだけ長く細いステッキをつくりたいから、もう少し大きい紙がほしいなど）、つくりたいものをつくることが多くなり、また明るくなり友だちを求めはじめました。

　４歳児クラスおよび５歳児クラスの記録のなかから、Ａ子の思いやりの育ちが見えたエピソードをあげてみます。

【Ａ子の姿１】４歳児クラス１１月

　ままごとコーナーでＤ子とＳ子とＥ子が声を張り上げ、包丁の取り合いをしている。製作コーナーで絵を描いていたＡ子は、ままごとコーナーへ行き、①「どうしたの？」と話を聞き、「困ったね」と考え、「それじゃあさ、私がとなりの組に行って借りてきてあげる」と③言い、別の包丁を借りてきた。

【Ａ子の姿２】５歳児クラス５月

　Ｈ男とＳ子が水族館ごっこをはじめた。大型積み木を並べ、場づくりをしたり、魚づくりをしている。そこへ登園してきたＡ子が②「私も入っていい？」と聞いて加わり、魚をつくり、そのうちに、ヒトデや貝やコブなどもつくり、⑥遊びを深めていった。

【Ａ子の姿３】５歳児クラス１１月

　母親の病気で長期欠席のＲ夫を⑦気にして、「Ｒ君また、お休み？　早く来られる

といいね。⑧来たら、これあげよう」と、絵を描いている。

　A子の姿1、姿2、姿3の記録には、思いやり研究会作成の9つの観察行動項目のうち、以下に示す項目が表出されています。
　① 相手の気持ちを汲もうとする表出
　② 相手に気持ちを汲んでもらおうとする表出
　③ 相手を援助しようとする表出
　⑥ アイデアを豊かに表現する表出
　⑦ 相手と気持ちを共有する表出
　⑧ 相手との関係を深めようとする表出
残る3つの項目、④みんなと協力しようとする表出、⑤情緒を素直に表現する表出、⑨相手の心に積極的に関心をもつ表出は、いずれもA子の記録のなかには含まれていませんでした。
　こうした姿から、保育者は、A子の思いやりの気持ちは年齢相応に育っていると見ていました。実際にA子は、クラスのなかでは落ち着いて物事に取り組み、友だちの気持ちを汲み取り、柔軟に対応していました。ところが5歳児クラスの11月（6歳1か月）、保育者はA子の葛藤体験の場面に直面したのです。

（2）A子の葛藤体験

　園庭で、体を動かして遊んだあと、ふと気がつくと、ピンクのズボンが保育室に脱いだままになっていました。保育者が「これ、誰のかな？」と聞くと、まわりにいた子どもたちは、「私のじゃない、誰のかな？」と口々に言います。ちらっと"A子が着ていたかな"と思い、遠くにいたA子に、「Aちゃんの？」と問いかけると、A子は飛んできて、「ううん、違う。私、知っているから置いてきてあげる」と言い、ズボンをもって廊下に出ていきました。廊下に

は着替え袋をかける棚があります。

　すぐに戻ってきたＡ子に、保育者は片づけをしながら、「誰のだったの？」と聞くと、「わからないから、となりのクラスにもっていったの」と言います。"あれ、変だな"と思い、片づけの手を止め、「でも、ここにあったから、このクラスのお友だちのものだと思うけど」とＡ子を見ると、多少、表情が強ばったように感じました。

　しかし、"本当にとなりのクラスにもって行ったのか"と思い、「どこにもっていったの？」と聞くと、さっとうしろを向き、「こっち」と先に歩き出しました。（「私、置いてきてあげる」と声を弾ませて言ったときとは違い、「こっち」の言葉には元気がなく、戸惑いを感じました。）

　Ａ子は、「ここ」と棚にかかっている袋を指しました。よく見ると、それはＡ子の袋だったのです。保育者は、そのピンクのズボンはＡ子のだったこ

とに気づき、「誰でも忘れることはあるから、『私の』と言えばいいのに。先生も忘れることたくさんあるよ」と言うと、A子はにこっと微笑んだのです。

　この事例を振り返ってみると、最初の場面で誰のかわからなくて困っている保育者の気持ちを察し、ズボンをもっていってくれたA子の行為は、思いやりの行為のように思えますが、どうもすっきりしない気持ちでした。普段、自分のことをありのままに表現することに抵抗がないと思っていたA子が、「私、知っているから置いてきてあげる」という行為で自分を守ろうとした印象を強く受けたからです。
　A子が「私の」と言えなかったのはどうしてでしょうか。
　その場の雰囲気もあったのでしょうが、園生活のなかで片づけができていない（生活習慣に関わること）自分を認めたくなかったのではないかと考えられます。このとき、A子はその状況のなかで、とっさに自分の求めている自己像を守りたかったのではないでしょうか。
　このころのA子は、大好きな製作が友だちに認められ、表現することに喜びを見出し、描きたいものが沸き起こってきて、自分の思い通りに伸び伸びと表現していました。A子自身、自分の力に驚いているようでした。そんなA子に、友だちは、「A子ちゃんはつくるのすごいし、やさしいし、神様みたい」と言って飛びつく場面もあったほどです。
　A子自身も、こうした生活がうれしくて仕方がない様子で、有能感に満ちあふれていました。園という環境（友だちとの関係、保育者との関係などを含めて）のなかで、A子の望ましい自己像は無意識のうちに形成されていったのではないでしょうか。しかし、いつも望ましい自己像をA子が実現できるわけではありません。なりたい自分となれない自分との間には、ある程度の葛藤があって当然です。

（３）「嘘をついてはいけません」と言わなかった保育者の意図

　A子の行為は、表面的にとらえると「嘘をついた」ことになります。また、自己防衛として嘘をついているともとれます。A子がズボンを脱いだまま片づけるのを忘れた、その「忘れる」という行為を、保育者がどのように解して対応するかによって、その後の方向が決まってくるでしょう。

　また、「嘘をついた」ことに対して、「嘘をつくことはいけません」と、保育者が道徳的に判断して対処することもありえますし、どうしてA子がこのような行動をとったのかと、その状況を考慮しながら、むしろA子の立場に立って考え判断するかによって、保育者の対応の手だてが決まり、その後の方向が決まるでしょう。この担当保育者は後者の立場をとったのです。

　なぜならば、A子は今、なりたい自己像をもち、それに向けて自分を表現しているときなので、その力を否定するようなことはしたくなかったからです。また、A子自身は、「嘘をつくことはいけない」ということは十分わかっていると思ったからです。

（４）A子の抱く望ましい自己像との葛藤

　A子の行為は表面的にとらえると「嘘をついた」ことになりますが、A子のなかに望ましい、こうありたいと望む自己像が育っているために、それを守ろうとしたのではないでしょうか。A子がそのときの状況を察し、そのなかで自分を生かしていった行為は、A子にとっての自己実現であると担当保育者は判断したのです。なぜならば、自分自身の力に喜びを感じ、友だちからも慕われている自分を実現しようとしている、そこにA子の自己実現を感じ取ったからです。

　もしも保育者が、「嘘をつくことはいけません」ということで対処してしまったならば、A子のなかに育ちつつある望ましい自己像や自己実現する力

は消えてしまったのではないでしょうか。

　ここでは、保育者はＡ子とのやりとりを通じて感じた自分の気持ちや、Ａ子の表情の変化や声のトーンなどから感じ取ったＡ子の気持ちを受け入れ、「誰でも忘れることはあるから、『私の』と言ってもいいのよ」と伝えたのです。このとき、Ａ子はにこっと微笑みました。そのほっとしたような表情から見て、Ａ子はありのままの自分を出してもよいということを学んだのではないでしょうか。

　思いやりの観察行動項目⑤「情緒を素直に表現する表出」は、Ａ子には乏しい表出項目であったことがわかります。保育者共々、このことがわかったよい機会でした。

　もしも道徳的判断のもとで対応していたならば、Ａ子はありのままの自分（心情）を表出しないで、うわべの対応を学習したかもしれません。

　子どもは、思いやりの気持ちが豊かに育っていく過程において、いろいろな感情を表しながら、自分と他者との関係を学んでいくものと考えます。「思いやり観察項目」に関しても、ときどきの状況のなかで実現できたり、まったく実現できなかったりすることがあっても、当然です。たとえば、（Ａ子の姿１）の４歳11月の同時期に、Ａ子は席の取り合いをして、友だちにどうしても席をゆずろうとしなかったことがありました。しかし、ゆずる経験やゆずられる経験を繰り返すなかで、思いやり観察項目①「相手の気持ちを汲もうとする」や、項目③「相手を援助しようとする」の心情が育っていくことが考えられます。

　思いやりの育ちは、個の発達と同じように一直線の傾斜で育つものではありません。この事例の「望ましい自己像」も、こうありたい自分（望ましい自己像）をまわりとの関係のなかで葛藤し、修正しながら、自分づくりをしていくものと考えます。

　上記のような葛藤は、園生活で「こうありたい自分」がはっきりしてくる

5〜6歳ころに顕著に見られます。保育者も葛藤しているその子どもの気持ちを汲み取ったり、何に葛藤しているのかを探ったりしながら、ていねいに関わり、気持ちを汲み取りながらの「やりとり」が大切となります。保育者の洞察力を生かした「やりとり」をすることで、その葛藤がその子どもにとってプラス体験となり、次の葛藤体験に生かされていくものと考えます。

(5) 子どもの抱く「望ましい自己像」と
　　　保育者の期待する「よい子像」との違い

　ここで考えなければならない問題は、子どもが抱く（またはつくる）「望ましい自己像」と保育者の期待する、または、親や保育者などの大人によってつくられる「よい子像」との違いです。

　それは、自分の行動の規範が外側にあるのか内側にあるのかの違いにあるのではないでしょうか。厳密には区別しがたいところですが、この点を区別する手だての1つとして、個々の子どもがこうありたいと願って抱いている（または描いている）「望ましい自己像」のなかで、それが周囲からの評価によって形成されている意識や行動が、どの程度見られるか。大人の期待に添おうとする気持ちの育ちを大切にする一方では、大人の期待に応えて「良い子」になろうとしている姿の有無を具体的に見ていく必要があるのではないでしょうか。

　A子の場合は、自分の行動の規範が、保育者など大人によってつくられている面がまったくないとはいえません。しかし、現在の状態では、製作や絵による表現力によって、友だちから得た賞賛や友だちと一緒に考え、協力して、遊びを展開していく力を友だちから認容されたことによって、自己価値感情を高め、自己表出・自己表現していくプロセスのなかでつくられた「望ましい自己像」をつくっているといえるのではないでしょうか。

　ところで保育者は、子どもが抱いている（または描いている）当該年齢の「望

ましい自己像」を、どのようにして把握し、理解しているのでしょうか。A子の事例からでは、幼稚園年長組クラスの5〜6歳ころに、「望ましい自己像」が描かれていることが推測されます。

子どもは保育者の援助を必要とするときも必要としないときもあるでしょうが、A子の事例からでは、保育者が子どもの生活に参与して子どもに直接応答していることから、そして子どもの側面からでは、子どもの自己充実活動や自己実現している姿から、その一端が読み取れるのでないでしょうか。

（6）思いやりと道徳性について

論理的にはむずかしい課題です。なぜならば学者たちの間ではかならずしも見解が一致していないからです。

そもそも道徳性は、「個人の属する社会のきまり・しきたりなど、社会の道徳的規範に従う心性である」と説明されてきましたが、思いやりは、私たちの定義では、「相手の立場に立って相手の気持ちを汲む心」としていますように、他者の視点に共感し、他者の視点を理解するという要素が思いやりの定義では強調されています。

厳密に考えますと同一の領域で論じることはできないのではないかと考えます。しかし最近では、道徳性を考える際に他者の視点を考慮する研究者が現れています。すなわち、自分と他人との欲求の対立において、自分を犠牲

にして他人を援助しようとすることに焦点を当てた道徳的ジレンマを考えようというのです。(N. アイゼンバーグ、P. マッセン／菊池彰夫・二宮克美共訳『思いやりの発達心理』金子書房、1991年、p. 152〜172、その他)。

話は飛躍しますが、平成13 (2001) 年3月文部科学省は、「幼稚園における道徳性の芽ばえを培うための事例集」を発刊しました（ひかりのくに株式会社）。そこでは、「道徳性の発達は、他者や社会と調和した形で自分の個性を発揮できるようになることである」の見解に基づいて、幼児期における道徳性の発達についての基本的な考え方を述べています。なかでも道徳性の発達のためには次の3つの事項が必要であり、それらの基盤を培う時期として幼児期が重要であると解説しています。

① 他者と調和的な関係を保ち、自分なりの目標をもって人間らしくよりよく生きていこうとする気持ち
② 自他の欲求や感情、状況を受容的・共感的に理解する力
③ 自分の欲求や行動を自分で調整しつつ、共によりよい未来をつくっていこうとする力

そして、道徳性の発達のこの3つの目標を培う基盤として、次の2つの事項をあげています。
（ⅰ）対人的な志向性は人としての基本的な信頼関係と密接に関連している
（ⅱ）他者の感情に対する感受性を通しての心のつながりや自分の感情や動作の調整

同一の領域としては扱えないとしても、対人的な志向性、他者の感情に対する感受性は、いずれも思いやりが育っていくうえでの基盤であります。

よって思いやりと道徳性の発達には共通な基盤をもっていると考えられます。

3．D男とN子の発達過程
―2歳児クラスから5歳児クラスまで―

（1）結果の全貌

　本節は、思いやり研究会のメンバーで「幼児の思いやりの精神構造」と題し、日本発達心理学会第1回（1990年）、第2回、第3回、第5回、第6回、第8回、第9回、第10回（1999年）の8回にわたって報告した内容を要約したものであることをまずお断りしておきます。

　1990年代において、保育所産休明け（生後57日）から委託された乳児2名（同一誕生日）の5歳児クラス卒園（6歳9か月）までの個体追跡観察資料から、ほぼ、同一のカテゴリーで整理が可能であった2歳児クラス以降を分析し、思いやりの発達に関与すると考えられる要素の抽出に努めました。

　これに先駆けて、これまで思いやり研究会で作成してきた"思いやりの発達過程"の図2（p.19参照）に基づき、これらの構成カテゴリー別に、2名の観察資料から個別に整理した結果は図6〜図12の通りであり、さらに各カテゴリー別に、そのまとめを各図の下段に記載しました。

　なお、観察資料は、記述による行動記録と同時に併用したビデオ録画によっています。それぞれの担当者は別人であり、ほぼ月1回の頻度で毎月、両名ともに卒園時まで観察を続けました。産休明け保育所は両名ともに同一園でしたが、その後、転園し、保育所は異なりました。観察時間は、午前中とし、1回約60分、各対象児を中心に状況をも含めて記録および録画しました。保護者の承諾は、録画したビデオは研究資料のみとして使用するという条件のもとで、園を通して得ることができました。

　資料の分析・整理にあたっては、採取した資料から次の7つのカテゴリー別にエピソード分析を行いました。

3．D男とN子の発達過程

- 情緒の安定に関しては、保育者への信頼感と子ども集団での安心感（p. 92 図6）
- 自己受容に関しては、自由な情緒表現と自由な活動表現（p. 93 図7）
- 自己主張に関しては、承認要求、受容要求、自己実現要求（p. 93 図8）
- 気づきに関しては、情緒的に気づくと思考的に気づく（p. 94 図9）
- 自己実現に関しては、充実活動と創造・想像活動（p. 94 図10）
- 葛藤体験に関しては、他児との調整と自己への挑戦（p. 95 図11）
- 他者受容に関しては、他児を受容する、援助・協力する（p. 96 図12）

そこで各構成要素別のまとめを総括しますと、以下のようになります。

ア．"思いやり"の発達基盤は、子ども自身の安定性にあります。そのためには、保育者との信頼関係および年齢が高くなるに従い"子ども集団"における安定感が不可欠となります。

イ．4歳時期は、他児の気持ちと出会うことにより葛藤体験が多くなります。その葛藤体験を乗り越える力をつけるための援助を必要とします。

ウ．協力・援助活動は、保育者からの指示ではなく、子どもの自発的な行動であり、その充実感を子ども自身が十分体験することに留意する必要があります。

エ．ゆずる・貸す体験は、旺盛な活動意欲との関連が見られることから、思いやり行動として採択するか否かは慎重な判断が必要です。

オ．"思いやり"は、情緒面の安定性と子ども集団における豊かな体験が統合されて培われます。

カ．"思いやり"の発達の基盤となる子どもの安定性および豊かな充実した体験は、保育者の保育観に影響を受けます。

3章 思いやりの育ちから見えるもの

保育者への信頼感 （D男 ■ N子 □ 以下、同様）

身体接触での受け入れ／気持ちを汲んでもらう／自己活動の承認
（2歳・3歳・4歳・5歳）

子ども集団での安心感

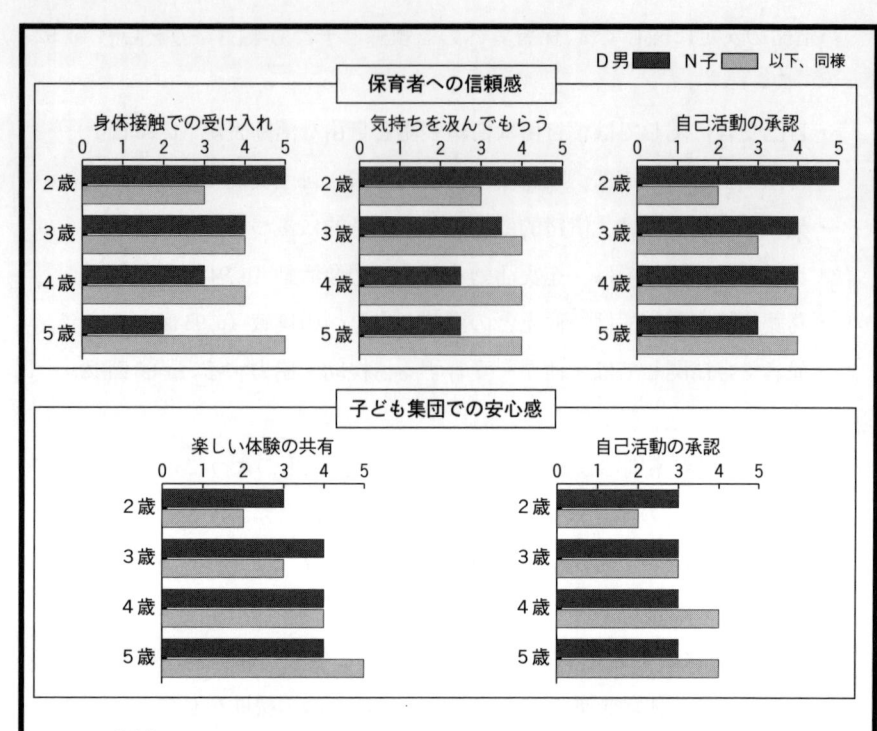

楽しい体験の共有／自己活動の承認
（2歳・3歳・4歳・5歳）

〈図の「単位」について〉　　　　　　　　　　　　　　　　　　※以下、図同様

- 0：まったく見られない
- 1：見られないほうが多いが、たまに見られる
- 2：見られたり、見られなかったり半々である
- 3：見られることのほうが多い
- 4：よく見られる
- 5：非常によく見られる

＊　情緒の安定には、基盤としての保育者への信頼感が必要である。
＊　子どもが安定する保育者との関わりは、保育者の対応によって変化する。
＊　子どもの年齢が上がるに従って、子ども集団における安定が大切な要素となる。

〈図6〉　情緒の安定

3．D男とN子の発達過程

自由な情緒表現

楽しさ・うれしさ／怒り・くやしさ／悲しさ（2歳〜5歳）

自由な活動表現

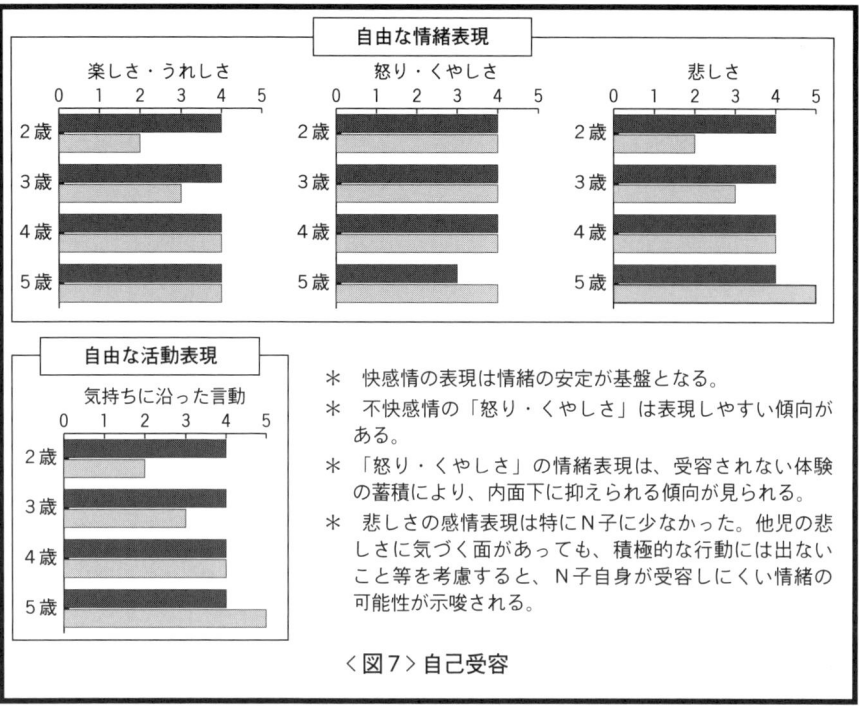

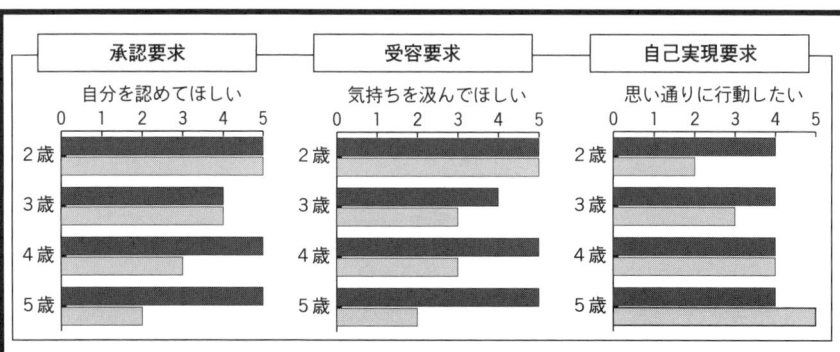

気持ちに沿った言動（2歳〜5歳）

* 快感情の表現は情緒の安定が基盤となる。
* 不快感情の「怒り・くやしさ」は表現しやすい傾向がある。
* 「怒り・くやしさ」の情緒表現は、受容されない体験の蓄積により、内面下に抑えられる傾向が見られる。
* 悲しさの感情表現は特にN子に少なかった。他児の悲しさに気づく面があっても、積極的な行動には出ないこと等を考慮すると、N子自身が受容しにくい情緒の可能性が示唆される。

〈図7〉自己受容

承認要求　自分を認めてほしい
受容要求　気持ちを汲んでほしい
自己実現要求　思い通りに行動したい

（2歳〜5歳）

* 承認要求と受容要求は、情緒の安定と共に減少する（N子）。
* 保育者がとらえている子どものイメージよりも、情緒が不安定な場合は要求は継続される。
* D男は自己実現要求は一貫して多いが、N子は年齢・安定性と共に多くなっている。

〈図8〉自己主張

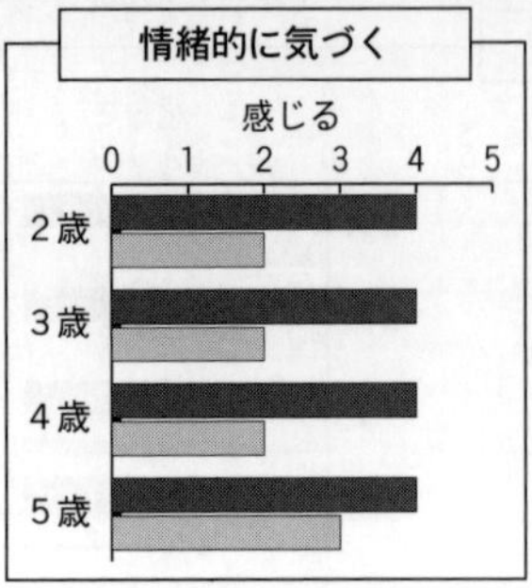
情緒的に気づく
感じる
0 1 2 3 4 5
2歳
3歳
4歳
5歳

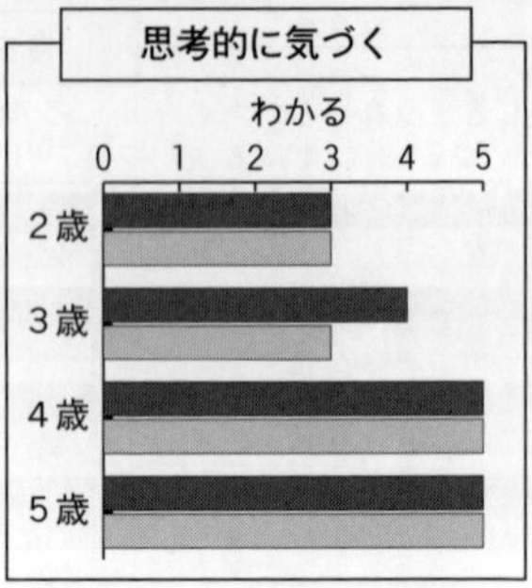
思考的に気づく
わかる
0 1 2 3 4 5
2歳
3歳
4歳
5歳

＊　思考的に気づくことの多いN子は、「援助・協力する」活動が多く見られる。

＜図9＞気づき

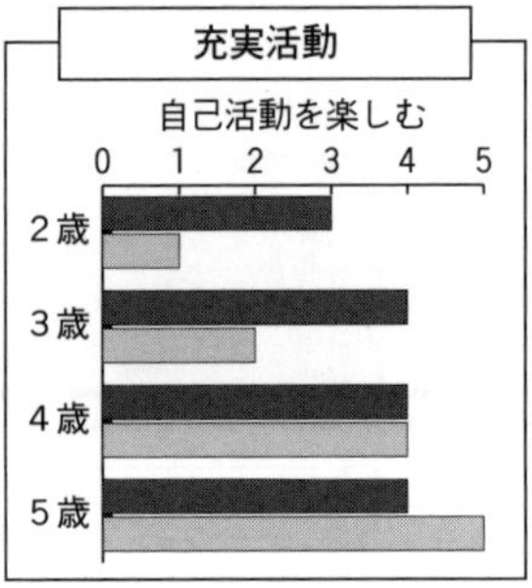
充実活動
自己活動を楽しむ
0 1 2 3 4 5
2歳
3歳
4歳
5歳

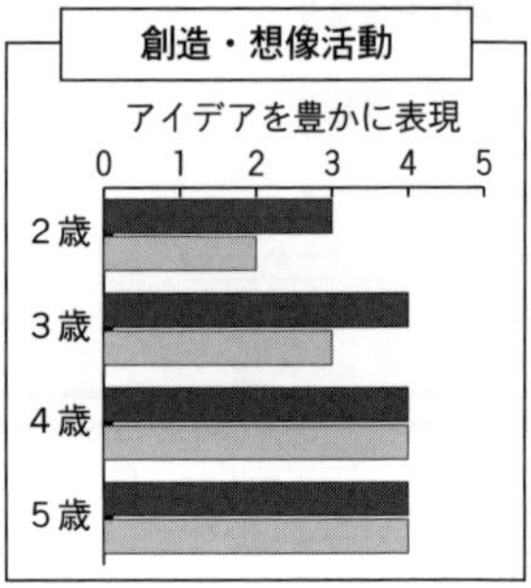
創造・想像活動
アイデアを豊かに表現
0 1 2 3 4 5
2歳
3歳
4歳
5歳

＊　全体としては、年齢・安定性と共に増加する。
＊　活動内容によって自己充実度が変化する。
［充実度の高い例］　D男：絵画製作活動等
N子：製作・創造活動等

＜図10＞自己実現

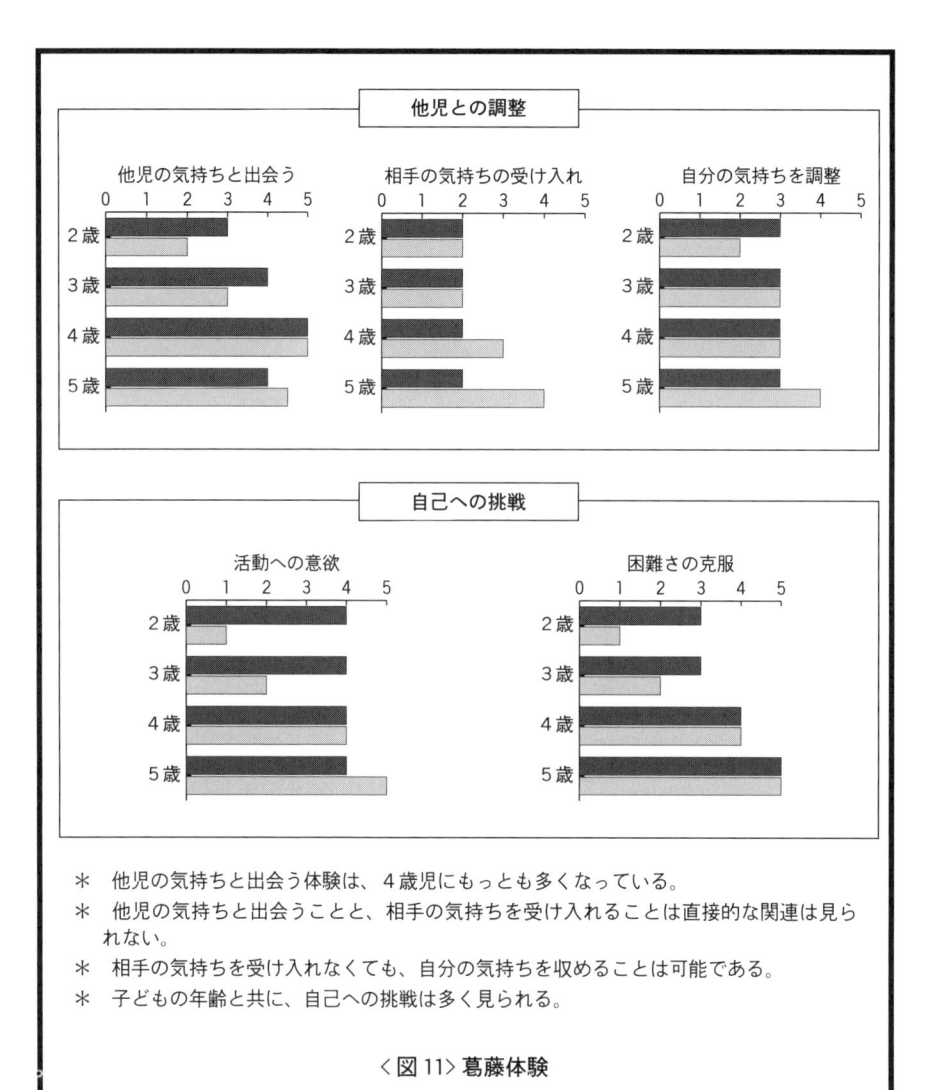

3．D男とN子の発達過程

他児との調整

他児の気持ちと出会う

相手の気持ちの受け入れ

自分の気持ちを調整

自己への挑戦

活動への意欲

困難さの克服

* 他児の気持ちと出会う体験は、4歳児にもっとも多くなっている。
* 他児の気持ちと出会うことと、相手の気持ちを受け入れることは直接的な関連は見られない。
* 相手の気持ちを受け入れなくても、自分の気持ちを収めることは可能である。
* 子どもの年齢と共に、自己への挑戦は多く見られる。

〈図11〉葛藤体験

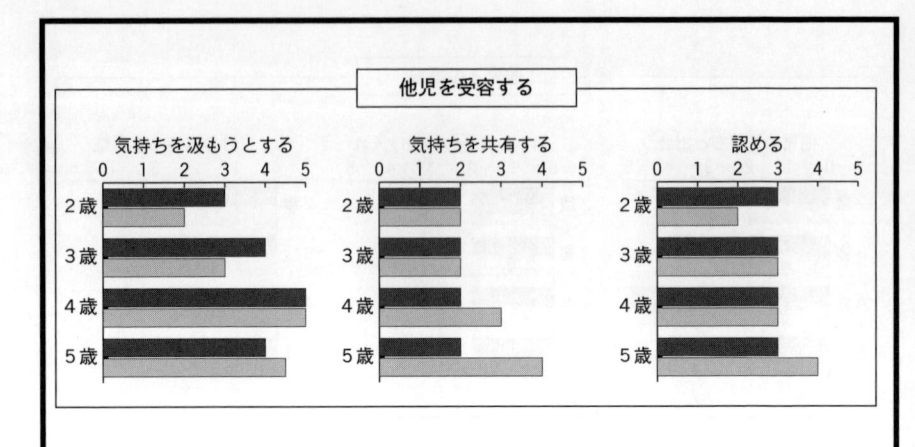

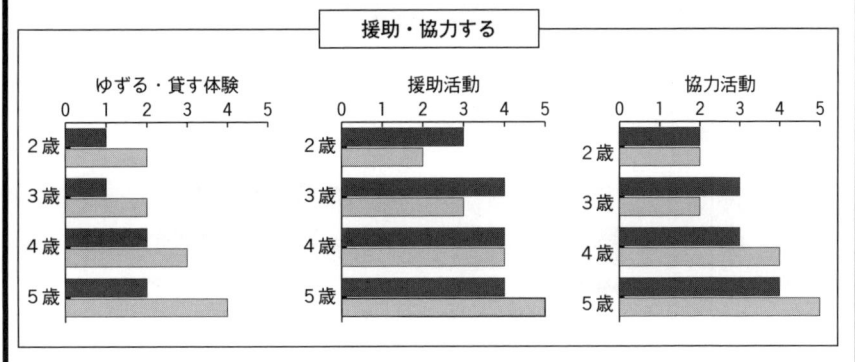

3章 思いやりの育ちから見えるもの

他児を受容する

気持ちを汲もうとする / 気持ちを共有する / 認める （2歳〜5歳）

援助・協力する

ゆずる・貸す体験 / 援助活動 / 協力活動 （2歳〜5歳）

* 思いやりには、子ども自身の情緒の安定と子ども集団における自発的な楽しい豊かな体験の両面が大きな要素となる。
* 援助・協力する体験は、子ども同士の充実した豊かな体験により育まれる傾向が示唆される。
* ゆずる・貸す体験は活動への意欲の旺盛さや子どもの安定性との影響が考慮され、慎重な判断が必要である。

〈図12〉他者受容（思いやり）

（２）Ｄ男とＮ子の発達過程

次に紙面の都合上、両名の行動分析から、その経過を簡単に述べ、上記のまとめの裏づけとします。

なお、文章中に示してあります番号（No.）は、この採取したエピソード番号で、最初の２桁は観察年（西暦）です。

①　Ｄ男の発達過程

２歳時期で得られた特定の保育者との安定感を基盤として、２歳児後半から、活動に集中性が認められました。３歳時期では、友だちとの体験を楽しみ、自己主張によるけんかも豊かに体験していました。４歳時期では、他児の育ちにより、それぞれの自己主張によるけんかが増し、"葛藤体験"により友だちの気持ちに出会う機会が多くなったものの、これらの体験をＤ男が内面的な葛藤へと昇華させることはほとんど見られていません。

　　たとえば、Ｙ夫の見ている折紙の本が見たくて、ずっと横にくっついているが、遂にＹ夫から本を取り上げる。すぐに取り返されるが、保育者から"テーブルで２人で見たら"と助言され、一緒に見はじめる。しかし頁をめくるタイミングが合わず、Ｙ夫は立ち上がり、片手で本をもって動きはじめる。"見えないよ"とＤ男はのぞこうとするが、Ｙ夫はそれが気に入らない。Ｄ男は"おれも見たい"とはっきり言い、座って一緒に見はじめる。（No. 961001）

このころのＤ男の活動は集中性や豊かな創造性、課題への意欲が見られ、これらがＤ男の自信を培っています。

５歳時期では、保育者や友だちとのトラブルでは言語表現を伴わない無視する表現が増加する一方では、泣いている子どもへの気づき、年少児へのやさしい関わりなど、"他児を受容する"という情緒的な対応は、３歳児からずっと継続しています。

② N子の発達過程

　N子の園生活における安定性は、2歳時期での不安定な保育者との関係（転園直後のため）を経て、3歳児の後半に得られた保育者との愛着の成立と、その後、緩やかに得られた友だちからの安定性にささえられて、充実していきます。

　これらの"友だち"との体験の広がりから、4歳時期では、子ども同士の主張による葛藤体験の頻度が増加していきます。

　友だちとのトラブルによるN子の葛藤体験は、ア．友だちの気持ちを受け入れられない段階から、イ．受け入れざるを得ない段階を経て、ウ．徐々に受け入れられる体験へと変化が見られています。

　　たとえば、3歳児クラスのころ、保育者が話をしているときのN子のおしゃべりに対して、今までは何も言わなかった友だちから、保育者の話を聞きたいから"わたしはN子の話を聞きたくない"と注意されるようになる（No. 961000）。

　　5歳児年長組（2学期）では、新しく組まれた5人で自分たちのグループ名を決めることになるが、意見がまとまらない。R太は怒って絵本コーナーに行ってしまう。その場の困惑を察したN子が、自発的に呼びにいくが、それはR太にとってはおせっかいで、N子に攻撃をかけ、不本意ながらN子はそれをうけて立つことになってしまう。しかし腑に落ちない何とも説明のしようのない気持ちのN子を4人の友だちは受け止め、R太抜きでグループ名を決める（No. 971021）。

　4歳時期から継続している友だちとの"協力活動"も豊かになり、友だちとの"楽しさの共有""承認体験""充実感"も得られ、それらはN子の友だちを受容する体験の基盤となっていきます。また、課題活動を克服できた体験と充実感は、N子の自信を培いました。

（3）　担当保育者による子どもの思いやり行動の評定

　保育所卒園時に、D男とN子の担任に、「思いやり観察項目」を使用して、

評定を依頼しました。D男は2名の保育士、N子は4名の保育士（年長組2クラス合併で保育することが多い）、複数担任のため保育者のそれぞれに評定を依頼しました。調整がむずかしかった項目は、それぞれの保育者の評定を記載してあります（次頁表9参照）。

D男は"場面なし"の3項目を除いた47項目において、46項目のすべては表出されていますが、1項目（項目23）"一人でいるのに気づきさびしがる"が、評定2"多少現れているかと思ったが確信がもてない"と不明確です。

N子は50項目のすべてが表出されています。

さらに私たちの観察結果と照合しましたとき、N子の"悲しさ"の表現に両者の間に不一致が見られます。担当保育者たちはN子は"悲しげに泣く"が多く見られたと評定していますが、私たちの観察記録では"悲しさの感情表現"が少ないという結果を得ています。おそらく、観察は月1回、保育者は毎日保育にあたっていることによる相違から生じたものと考えます。

（4） D男とN子の思いやりの育ちから見えるもの

乳児期から行った個体追跡による2名の観察資料および保育者たちによる評定のまとめから、多少印象が加わるかもしれませんが、D男とN子の思いやりから見えてきたものをあげてみます。

ここで印象という言葉を使ったのは、長期にわたった個体観察の子どものため、無意識のうちに観察者の思い入れが入ってしまうからです。しかしこの点をできるだけ最小限に抑えるための配慮として、直接観察者とビデオ記録者は観察終了時に話し合い、また担当保育士から補足説明をいただくことに努めました。

- 先にも少しふれましたが、他者（保育者または子どもたち）の気持ちへの気づきは、D男とN子にそれぞれの個性のあることを私たちは感じ取りました。

〈表9〉D男とN子の6歳時点での思いやりの発達

●：D男　○：N子

		5	4	3	2	1
① 相手の気持ちを汲もうとする表出	1. 困っている子どもにやさしくする	●○				
	2. 他児にトラブルがあると気づかわしげにみる	○	●			
	3. 困ったり悲しんでいる人の様子を見て、声をかける	○	●			
	4. 許してあげる			●	○	
	5. 大事なものをゆずる				●○	
	6. 大事な役をゆずる			○	●	
② 相手に気持ちを汲んでもらおうとする表出	7. 許してもらおうとする			●	○	
	8. 大事なものをゆずってもらう			●		
				○		
	9. 心配な気持ちをわかってもらおうとする		●	○		
	10. 嫌な気持ちを素直に相手に訴えわかってもらおうとする	●				○
	11. 相手の了解をとる	●	○			
③ 相手を援助しようとする表出	12. 様子を見て助けてあげる	●	○			
	13. 自ら他児の面倒をみる	●○				
	14. 先生に頼まれて、他児の面倒をみる	●				
		○				
	15. わからないでいる他児に教える	○	●			
④ みんなと協力しようとする表出	16. 力を合わせてする作業に参加し全体の役に立つ	●	○			
	17. 遊んでいるグループの世話をする	●		○		
	18. 友だちを誘って、一緒に遊具を運ぶ	●○				
	19. 提案や意見を言って、みんなの協力を得る	○●				
⑤ 情緒を素直に表現する表出	20. 悲しげに泣く	●	○			
	21. うれしそうに笑う	●○				
	22. 楽しそうに笑う	●○				
	23. 一人でいるのに気づきさびしがる		○			●
	24. くやしいときにくやしがる	●○				
	25. 怒りたくなったときに怒る	●○				
	26. うれしいときに心から喜ぶ	●○				

3．D男とN子の発達過程

			5 4 3 2 1
⑥ アイデアを豊かに表現する表出	27.	友だちとおもしろいアイデアを出し合って楽しむ	●○
	28.	イメージを豊かにもって遊ぶ	●─○
	29.	工夫して遊ぶことを楽しむ	●─○
	30.	自分の世界を楽しむ	●
⑦ 相手と気持ちを共有する表出	31.	友だちの病気やけががよくなると喜ぶ	○
	32.	友だちが悲しそうだったら悲しくなる	●─◎──●
	33.	いじわるされた子どもと一緒になって怒る	○●
	34.	相手の行動に感心し心から喜ぶ	●
⑧ 相手との関係を深めようとする表出	35.	相手との関係をつけたり確かめたりするためにふざける	●○
	36.	けんかをする	○●
	37.	自分のとった行動についてどうしたらよいか気にしたり迷ったりする	○─●───○
	38.	トラブルをうまく収拾する	●○
⑨ 相手の心に積極的に関心をもつ表出	39.	相手の気持ちを積極的に聞く	○
	40.	ありのままを認める	● ○
	41.	相手の心を理解しようと考えたり質問したりする	●○
	42.	痛みや喜びを感じ取り具体的にそれを伝える	●
	43.	相手の表情や行動を見て自らの行動を振り返り、相手の気持ちを知ろうとする	●○
	44.	自分ならこうすると判断して言葉で伝える	●
⑩ その他	45.	相手の身体などのハンディに気づき、自然に助ける	○
	46.	新しく入園・転園してきた子どもに対して、自分から役立とうとする	●○
	47.	年下の子どもに対し、心づかいをする	●◎
	48.	けがなどをした動物の世話を懸命にする	●
	49.	飼育物の死を悲しみ、涙する	○
	50.	ニュースや読み物などで苦しんだり困っている人を見て同情し、涙ぐむ	○─●

注1）平成11年3月26日調べ。評定は保育所卒園間近のころに行った。両名ともに6歳9か月。
注2）評定の尺度は5段階である。
　　　5：数多く見られる。または少ないが印象的な現れ方をした。4：割に多く現れていた。3：何回か現れていた。2：多少は現れているかと思ったが確信がもてない。1：まったく見られなかった。
注3）評定は年長担任による。調整できにくい項目は、4人ないし2人の評定をそのまま記載してある。

N子は、その場の状況を判断しながら相手の気持ちを受け入れようとしています。一方、D男は、相手の気持ちそのものを感じ取って、たとえば悲しそうな子どもの傍らに身を近づけて一緒にいるというように、相手の心情を受け入れようとしています。

　この2人の特徴は、私たちに思いやり行動をとらえる重要な示唆を与えられました。おそらく成長するにしたがって、この情意レベルでの気づきと認識レベルでの気づきの両方の要素が互いに作用するものと考えますが、この点については、これ以上の考察は行っておりません。

- 思いやりを育てるといっても、幼児の場合は、その基盤をつくる時期であることを確認しました。

　子どもが相手を思いやる、すなわち他者受容することの中核と考えられる"みんなと協力しようとする""アイデアを豊かに表現する""相手との関係を深める"は、いずれも思いやりの育ちだけに関与する要素ではありません。また、対人関係や創造性や自我形成など他の発達領域との関わりのなかで育っていくのです。ある特定の要素だけを取り出して、その部分だけを育てるというのではありません。ここに幼児期の育ちの特徴を見ることができます。

- 子どもの「思いやり行動観察」50項目は、多くの採取事例からつくりあげたものだけに、就学前6歳児の子どもには、ほぼ出現していることがわかりました。

　ことさら得点化する必要はありませんが、学齢前の子どもの思いやりの育ちを押さえる手だてとしては有効であると考えます。

　この50項目は、項目の信頼性や妥当性などの統計処理だけではなく、事例を通して確認しながら進め、つくりあげてきました。子どもの思いやりの発達過程の構造とも合わせて、大げさかもしれませんが、私たちの思いやり研究会の汗の結晶であると思っています。

4章

保育の実践を通して思いやりが育つということを考える

4章　保育の実践を通して思いやりが育つということを考える

　先に、1章1節と2章において、本書での思いやりの概念および思いやりの発達過程について、乳幼児期を中心に解説しました。

　それを受けて4章では、子ども相互の関係のなかで、保育者の教育的援助を得ながら、子どもの思いやりが育っていくと考えられる実践事例を取り扱うことにしました。

　本章で取り上げた以下の実践事例は、先に述べました（1章2節 p.15 参照）子どもの思いやりの発達過程における「自己受容」と「他者受容」の部分を中心に扱っています。

　すなわち、相手に自分（子ども）の気持ちを汲んでもらいながら、次第に相手の気持ちに気づき、相手の気持ちを汲むようになる、その過程が成長につながっていくものと考えます。また、その過程では、相手との間でトラブルが生じることもあり、子どもは心理的葛藤を体験することになります。

　本章では、相手（保育者や他の子ども）の気持ちに気づき、相手の気持ちを汲むことの育ちが、幼児期としては重要な発達上の課題になるものと考え、その部分の実践事例を多く設けました。

　また、「思いやり」は自発的行動ですから、子どもが自己実現していく力（p.23 参照）が育つことと平行してとらえていくことが大切で、子どもの主体性の育ちと連動させる必要があります。この点については、すでに自主性の育ちと題した多くの実践例報告がありますので参照されることを望みます。

　さらに、本章で取り上げた事例は、各執筆者が関わったものです。たくさんのエピソードのなかから選択していますが、各執筆者の思いやりをとらえる感性の豊かさが伝わってまいります。思いやり研究会に出席するたびに痛感することは、思いやりを感じ取る、あるいは子どもの思いやりに気づく、私たちの感性が常に問われているということです。

　なお、ここにあげた11の項目の順番が、子どもの思いやりの発達の順序

性を示しているとは一概にはいえません。そのことは各事例からご理解いただけると思いますが、便宜上、事例の対象となっています子どもたちの年齢を考慮して配列してあります。

また、事例中に登場する子どもの総数は100人余り（男児、女児それぞれほぼ同数）になりますが、同一の子どもが複数の事例のなかに登場する場合もありますので、100人余りの個人名を記号（ex. A子、B男など）で明記するよう努力しました。よって注意して事例のなかの個人を見ていただきますと、年齢的変化を追うことができる子どもが数人いることに気づかれると思います。

1．相手に気持ちを汲んでもらおうとする

"思いやり"を「相手の立場に立って考え、相手の気持ちを汲む心」と定義したとき、子どもでは、まず相手の気持ちを汲む心が育つことが求められますが、子どもの思いやりの発達過程（p.19 図2参照）によると、子どもは相手の気持ちを汲む前提として、自分自身の気持ちを、相手（主として大人）に汲んでもらった安心感や満足感を充足することが必要となります。

自分の気持ちを保育者に汲んでもらった体験の積み重ねが、家庭ともう1つの生活の場である園が、いずれも自分の生活の場として自覚され、主体的に生活していく1人の子どもの事例を紹介します。

事例1－① 先生のそばにいたいの

N子（3歳7か月）2歳児クラス　1月

N子は、T園の2歳児クラスに転園してきたのだが、クラスの大部分の子どもが1歳児クラスからの進級児であるため、仲間を見つけるのは容易ではなかった。

> 新しい園生活に適応するのが精一杯だった。
>   この日は、転んだN子のズボンの汚れを払ってくれたB保育者とのふれあいをきっかけにして、他の子どもたちを含めたN子とB保育者とのふれあいではあったが、その満足感は園庭に放し飼いのボンタ（犬）の愛撫に気持ちが向くのだった。

＊ 保育者とのしっくりした関係

　N子は3歳児クラスのB保育者とはこれまで直接交渉をもつことは少なかったのですが、園庭に土を盛った小山から降りてくる途中で尻餅をつき、汚れたズボンの土を払ってくれたB保育者との出会いから、午前中の園庭での活動は、もっぱらB保育者を中心とした活動が展開されました。

　2歳児クラスの子どもであっても、大部分の子どもが1歳児クラスからの進級児であるとき、新入園児であることは、かなりの緊張が生じているように見受けられます。

　1人活動をもっぱらとする2歳児であっても、進級してきた子どもたちの間には、目に見えないつながりがあるようで、そこに新たに参加しなければならない新入園児にとっては、私たち大人が予測する以上の緊張があるように思われます。

　しかもN子にとっては、以前の園生活の経験とは、園の生活の流れにしても、経験内容（保育内容）にしても、さらに保育者の対応の仕方など、かなり大きく変わったものと思われますので、その戸惑いは大きかったでしょう。転園後10か月の歳月が経っているにもかかわらず、転園年度の1月は情緒的な不安定さが大人たちに感じられました。

　そこには、友だちとの交流が成立していないことも理由の1つにあげられますが、N子にとっては、友だちとの関係よりも、大人（保育者）とのしっくりした関係を求めることのほうが優先されていたのです。したがって、この日、偶然出会ったB保育者ではありましたが、となりの3歳児クラスの保

育者で、日ごろ見覚えのある保育者であった心やすさから、B保育者との関わりを求めたのでしょう。

　B保育者がティッシュで鼻をかむと、「N子もティッシュ」と同じ行動をとりたがります。N子の気持ちを感じ取ったB保育者は、N子だけと対応することのできない状態にありましたが、幸い、園庭という環境にあったため、何人かの自分のクラスの子どもたちのなかにN子を含めて活動を共にしたのです。

＊　保育者に受け入れられる

　T園では、園庭での活動が年齢クラス別の設定活動が組まれていないときには、0・1歳児を除いて、どのクラスの子どもたちとも自由に関わりがもてる雰囲気がつくられており、保育者のほうも、園庭の係を担当した日は、どの子どもとも関わりをもつことになります。

　自分の後を追ってくるN子の気持ちを受け止めたB保育者は、1対

1での対応はできなくても、できるだけ関わりをもつことに決め、他の子どもたちのなかにN子を加えて、一緒にシーソーに乗ったり、スキップをするなどして遊んでいます。

2歳児クラスのN子にとっては、3歳児クラスの子どもたちの活動は、走るにしても、跳ぶにしても、やっとうしろからついていく状態ですが、B保育者はN子を見守りながら参加させています。

B保育者のほうを向いて、「オシッコ、ジャー」とおどけて見せたり、男児がN子に向かって「オバァサーン」とおどけて呼ぶと、その言葉の抑揚がおもしろいのか、B保育者と一緒に笑い合うなど、N子にとっては楽しいひとときであることが表情から読み取れます。

「疲れたから、やめる」と言い残して、そこから抜けたN子は、砂場の脇に座っている犬のところに行き、その頭をなでたり顔を見たりしています。その様子を目で追いながら、B保育者は、今日、関わりをもちはじめたときに比べると、表情が生き生きとしているN子にいっそう可愛さを感じたのでした。

> **事例1－②　やるせない気持ちを汲んでもらう**
> 　　　　　　　　　　　　　　N子（3歳9か月）2歳児クラス　3月
> 　1個の人形をめぐってのN子とM香のトラブルは、大げんかになってしまった。2人の間のけんかは、たいていはN子のほうが優勢な形で終わることが多いのだが、この日はどうしたことか、M香のほうが優勢で、N子のくやしさは自分ではどうしようもなく、そのやるせない気持ちを、保育者によって慰められたことで、N子はやっと落ち着いたのだった。

昼食を食べ終わったN子は、玩具箱から聴診器に見立てた物をもちだし、医師が使用する反射鏡まがいのものを頭にかぶり、M香（3歳0か月）とQ子（3歳5か月）が遊んでいるところにやってきました。3人とも同じクラ

スで、日ごろ仲のよい間柄にあります。今日の活動の主役はM香にあるようで、N子の身につけている道具立てで表現されている遊びの提案は受け入れられません。N子はそれを察してか、聴診器などを元に戻し、大型積み木で遊んでいるM香とQ子の元に戻ってきました。

　M香は2個ほど積み上げた大型積み木のうえに、お気に入りの人形を置いています。N子がすきを見て、その人形を抱こうとしたので取り合いになってしまいました。「これ、私の赤ちゃんだよ」と、M香はN子の手にした人形を取り上げてしまいます。「だってー」と、N子はそれがほしいと泣いて求めますが、M香は腕に人形をしっかりと抱いたまま、にらみ合っています。
　しばらくして、1歳年上のU子が仲裁に入ろうとします。この日の昼食のときに居合わせた3歳児クラスの女児です。しかし、その仲裁は両児の耳には入りません。

*　子どものやるせなさ
　N子は人形を自分のものにできないくやしさから、仰向けになったまま両脚をバタバタさせて大泣きしていましたが、やおら起き上がり、T保育者のところに行き、その膝に座り、しっかりしがみつき、指を口にくわえながら、「くやしい」と泣き続けます。T保育者は、「いつもN子ちゃんのほうが勝っているじゃない」と言葉をかけますが、N子はしっかり抱かれたまま、しばらく泣いています。
　この日のM香との関係において、N子は、お医者さんごっこをしようという間接的提案を受け入れてもらえなかったこと、それに続いて、すきを見て人形を自分のものにしようとした、その要求もM香から拒否されてしまいました。共有物であるとはいえ、相手が使用しているものを自分のものに獲得しようとした負い目は、M香に優勢な条件を与えたのでしょうが、N子にし

てみれば、2度にわたるM香からの拒否です。

　しかもM香のほうもN子の気持ち（要求を含む）を受け止める余裕はありません。このときのN子のやるせなさは、保育者に向けられた眼差しからも感じ取れます。

＊　子どもの気持ちを汲むことに葛藤する保育者

　仲のよいN子とM香がこれほど大げんかをすることはめずらしく、しかもトラブルが生じても普通は口の達者なN子のほうが勝つことが多いのです。この日はめずらしく逆の状態が生じたのです。

　T保育者は、いつも泣かされているM香が、今日は優勢にあるので、しばらく見ていようという気持ちであったこと、また、2人はけんかしても、いつも戻り得る関係にあることがわかっていましたので、さらに、N子が自分の要求と相手の要求のズレを感じ取ってほしいという願いもあって、しばらく成り行きを見守ることにしたのです。

　しかし、M香の勢いが強いので、いつ、仲裁に入ったものかと決めかねていました。

　今、自分の膝の上で、「くやしい」と言って大泣きしている、負けることの嫌いなN子の気持ちを汲んだとき、保育歴1年目のT保育者は、N子のくやしい気持ちをどう受け止めたらよいのか、とっさには、かける言葉も見つからず、ただ強く抱きしめることしかできませんでした。

　気がついてみると、周囲の気配に影響されたのか、M香も泣き出し、別の保育者がM香を受け止めていました。

　仲間との生活を共にする以上、トラブルは生じます。N子もやっと、けんかをするほどの仲良しの友だちができたのです。

　2歳児の集団生活においては、仲間との間のトラブルを思うように調整す

ることができないため、相手に泣かされたり、トラブルを起こした両児ともに泣いて、物別れになり、両児とも満たされない思いを抱いたままになっていることもあります。子どもが、トラブルを自分たちで解決できるようになるには、相手の行動の意図や気持ちに気づくこと、自分の意図とのズレを理解し、調整する能力が必要となります。この成長は、N子にはまだ先のことかもしれませんが、保育者の存在や保育者の関わりは大きな意味をもちます。

保育歴1年目のT保育者にとっては、難問に直面したのですが、T保育者のぬくもりがN子のやるせない気持ちを解かしていったことはいうまでもありません。

事例1-③　先生を独占したいの

N子（3歳9か月）2歳児クラス　3月

同じクラスの子どもたちのなかでの仲良しさんもできた転園後10か月のころのN子は、担任保育者の独り占めが顕著に見られ、保育者間での話題に何度かあがった。そこで、複数担任であることから、思い切って、できるだけ1対1対応に努めてみようと決めたP保育者は、同一クラスの保育者たちの承認と協力を得て、2歳児クラスの最後の日（3月）に、やっとN子との気持ちのつながりができたことを確認できた。N子のほうは、園が自分のもう1つの生活の場となったのである。

---

*　保育者との関わりを楽しむ

自分の引き出しから毛糸の玉を取り出しているM香のそばに、友だちのN子が近づいてきます。M香のもっている毛糸がほしくて、「もらっていいの」と問いかけますが、特に応答もなく、M香はそこから離れていきます。

N子は毛糸を指に巻きつけますが、思うようにできないので、「できない」とP保育者に声をかけます。P保育者はN子との1対1の対応を心がけることに決めていたものの、その自分の決断に不安を抱いていたのか、「C先生

に聞いてみて」と方向を転じてしまいます。N子は素直に応じてC保育者から毛糸の巻き方を教わります。

　ほどなくして、C保育者は園庭に出て行きますが、N子はP保育者が部屋にいることを意識しているのか、部屋に留まったままです。

　N子の毛糸巻きが上手にできないのを3歳児のU子が見て、「そうじゃないよ」と教えようとしますが、関わり合おうとしないでP保育者のまわりをうろついています。

　P保育者は、N子を含めて部屋にいる子どもたちに園庭に出るように促しますが、N子はP保育者のそばにいたいのか、園庭に出ようとしません。N子はP保育者の動きを見守り、その動きに自分の動きを合わせるように、うしろについてまわっています（積み木を片づける、お家ごっこのコーナーを片づけるなどしながら）。

　再度、P保育者に、「お外に行かないの」と促されると、N子は、「先生と行くんだもん、だから待っててあげる」と言葉を返します。

　N子は片づけを通して、保育者との関わりを楽しんでいるようです（ヌイグルミを「はい」と渡したり、マナイタを台所（玩具）の棚に入れるなどして）。

　「お外へ行こう、電灯消すよ」と部屋の片づけを終えたP保育者の促しで、N子をはじめ数人の子どもたちがやっと腰をあげました。N子はP保育者と並んで外靴に履きかえ、「滑り台に行こう」とP保育者を誘い、手にしていた長方形の紙をハンドマイクに見立て、P保育者に交信します。とても楽しそうです。もっと適した物と考えたのか、砂場から木片を見つけ、トランシーバーに見立てました。

　P保育者はN子との2人の関係を広げたいとの意図をもったのでしょうか、近づいてきた男児（2歳児クラス、もう1人の2歳児の新入園児）を仲間に入れて、かくれんぼをはじめます。N子を見つけたP保育者に手を取られ、P保育者はこの男児を空いたほうの手に握らせ、興味をもって近づいてきた

年長の女児を3人で追いかけはじめました。
　N子はP保育者の手をしっかり握って、うれしそう。ときどき離れ離れになって年長児をはさみうちにしたり、手にしたレシーバーを口にあて、交信し合っていました。

＊　気持ちを汲み取ってもらった子どもの育ち
　この日は、P保育者には気の毒なほどN子はP保育者の後を追い、離れようとしません。このような状態は、おそらくこの日だけではなかったでしょう。P保育者は園庭での自分の役割もあるために、N子にのみ関わるわけにはいかないときもありましたが、N子の「私だけに関わってほしい。P保育者を独占したい」という気持ちが痛いほど汲み取れたので、できるだけ可能な範囲でN子と関わることに努めたのです。
　そして3月も終わろうとするころの降園時、N子はお迎えの母親に、たとえば「犬のお墓だよ」と園庭の様子などを説明するのでした。
　転園して1年、やっと当園がN子の生活の場となったことを感じ取った母親は、P保育者ともども安堵したのです。N子の成長がひしひしと感じられたときでした。
　このころを境として、N子は同じクラスの子どもたちとの関わりを積極的にもつようになっていくのです。

＊　子どもの心情を汲んで関わる
　相手に気持ちを汲んでもらう場合、常にそれが実現されるとは限りません。しかし、相手に自分の気持ちを汲んでもらったときの快い感情、あるいは喜びは、情緒の安定をもたらします。
　ところで、「気持ちを汲んでもらう」というとき、どのようなときに、どういう気持ちを汲んでもらうことが思いやりの育ちにつながっていくので

しょうか。

　本研究会作成の子どもの「思いやり観察項目」の 50 小項目 (p. 18 参照) の「相手に気持ちを汲んでもらおうとする表出」には、「許してもらおうとする」、「大事なものをゆずってもらう」、「心配な気持ちをわかってもらおうとする」、「嫌な気持ちを素直に相手に訴えわかってもらおうとする」、「相手の了解をとる」、の 5 項目があげられています。

　これらの項目から類推したとき、「気持ちを汲んでもらう」ということは、「要求の受容」、「要求の充足」ということよりも、そのときや場面での「心情」を汲んでもらうことになります。

　本節でのＮ子の 3 つのシーンにおいて、そのことを確認しました。すなわち、Ｎ子の事例においては、「先生のそばにいたいの」、「やるせない気持ちを汲んでもらう」、「先生を独占したいの」の項目を立てたのですが、これらはいずれも上記の 5 つの項目に該当していません。また、「やるせない気持ちを汲んでもらう」は、心情を表しているといえますが、「先生のそばにいたいの」、「先生を独占したいの」は、いずれもＮ子の要求を表示しています。しかしこれらは、表現されている行動はＮ子の要求表現であるかもしれませんが、それらの要求の根底には、大人との関わりを通して気持ちを安定させてほしいという心情を読み取ることができます。

　最後に、年長児クラスに成長したＮ子は、5 人のグループ活動において、そのグループから逸脱した 1 人の子どもの存在で困っているグループの友だちの気持ちを汲み取って、自発的に、逸脱したその子どもを連れ戻しに行くという、仲間たちの気持ちを汲み取り、適切な行動をとる様子が見られるのです。

２．相手と気持ちを共有する

　思いやりは、「相手の立場に立って考え、相手の気持ちを汲む心」が基盤となって起こる自分の気持ちの表現です。「相手の気持ちを汲む」には相手の気持ちを感じ取り、また、感じ取ったことを実感できる体験が必要です。このような「相手の気持ちを感じること」や「相手の気持ちと同じ情緒を感じること」が「共有」体験です。「共有」は、「共感」とは異なり、共にいる相手と同じ情緒が自分の内にも起こる（ある）ことです。それによって、相手と気持ちが通じ合う楽しさや安心感を体験することができます。

　自分の気持ちを自由に表現できる子どもは、気持ちを共有する機会がたくさんあります。それは、自由な気持ちの表現が相手の気持ちを引き出すからです。一緒に遊ぶなかでの「楽しさ」や「くやしさ」、競技等におけるみんなで協力して取り組む活動のなかでの「うれしさ」や「一体感」「悲しさ」等の気持ちの共有、また、泣いている子どもを見て、自分も悲しくなるなど、「相手と気持ちを共有する」体験がたくさんあるからです。

　これらのさまざまな体験のなかで特に大切なことは、相手と「気持ち」を共有したと実感できる体験です。「悲しい」「さびしい」「うれしい」「楽しい」等、相手と同じ情緒を自分ももつ —— 相手の気持ちと自分の気持ちが通じ合ったと感じる体験です。

　自由な気持ちや行動の表現である「自己受容」ができることで、相手の気持ちと出会い、その気持ちを共有する体験の積み重ねは、さらに相手の気持ちに関心をもつことにもつながります。このように、「相手と気持ちを共有する」体験は、充実した人間関係を形成します。「相手の立場に立って考え、相手の気持ちを汲む心」は、「相手と気持ちを共有する」体験があって可能となっていきます。

> **事例2** 楽しさを共有するD男とF男
>
> D男（2歳11か月） 2歳児クラス
>
> 　保育園の2歳児クラス。D男は、保育室のカゴのなかからバッグを見つけて首から下げ、にこにこして「（行っ）てきまぁーす」と言って元気よく前の入り口から出ていき、廊下を通って、うしろの入り口から「たらいまぁ〜」と言って入ってきた。そして、また、にこにこ保育者を見ながら、「（行っ）てきまぁーす」と言って保育室を出て、「たらいまぁ〜」と入ってきた。それを見ていたF男がD男と同じように、カゴからバッグを出して首に下げ、D男のうしろからついて歩き「（行っ）てきまぁーす」「たらいまぁ〜」と同じように言った。D男とF男はにこにこお互いを見ながら、楽しそうにしばらく繰り返して遊んでいた。

＊ 楽しさを共有するごっこ遊び

　この遊びは、「行ってきます」「ただいま」という自分の家で見聞きしている再現ごっこの遊びです。保育室は自分の家であり、「行ってきます」と言って出かけ、「ただいま」と言って家族が帰ってくることが、「バッグ」という小道具を使うことによって、より象徴的なごっこ遊びになっています。どの家にもある場面であり、D男やF男にとってもなじみのある遊びなのでしょう。そのため、D男がはじめた遊びを見ていたF男も、その楽しさとなじみのある場面に引きつけられ、共有した遊びとなっています。この遊びは1人で完結できる遊びでもありますが、「楽しさ」を共有している遊びであることに注目したいと思います。見ていると2人が共に感じている「楽しさ」が伝わり、うれしくなってきます。こうした気持ちの伝わり合いが、思いやりに通じていきます。このような低年齢の子どもであっても、他児と気持ちの共有ができることには驚かされます。

＊ 相手と気持ちの共有がたくさんできる体験を

　この事例のような気持ちの共有が見られる遊びは、1歳後半から2歳後半

にかけて多く見られます。自分の気持ちを言葉で表現することがまだむずかしい年齢だからです。このように低年齢のうちから、相手と気持ちを共有できることが、楽しくてうれしいという体験をたくさんもちたいものです。それは、人に対する関心を高めたり、豊かな人間関係につながるからです。特に知的な理解よりも感覚が優先している低年齢の時期が基盤となります。保育者は、子どもの楽しい気持ちを感じ取ったときに「楽しいね」と言葉に出して子どもに伝え、子どもが今感じている気持ちとその気持ちの名称が一致できるようにしていきます。この体験の蓄積が、子ども自身が自分の気持ちをきちんと実感をもって受け入れることになり、ありのままの自由な気持ちの表現 ──「自己受容」へとつながっていきます。また、気持ちの共有を体験できる遊びをたくさん工夫したいものです。

　共有できるごっこ遊びは、保育室の環境構成にも配慮が必要です。子どもの身近な生活体験がテーマになることが多いため、子どもの目の高さや、もしくは少し低いところに、子どもの生活でなじみのあるものを数種類用意します。子どもが自発的に気づき、それが契機となったたくさんのごっこ遊びが楽しめるようにします。

事例3　受容され、楽しさを共有できるようになったX子

X子（2歳6か月）　2歳児クラス

　X子は、思い通りにならないと泣いたり、怒ったり、叩くなどの姿が見られ、すぐに「私の！」と言って友だちがもっているおもちゃを取り上げる行動が多く見られる子どもだった。家庭では、母親にせかされたり、叱られたりすることが多く、母親への独占欲は強いのに十分に甘えられず、イライラした状態で登園してくる。保育者が不安定な気持ちのX子を受け止め、できるだけ1対1の関わりを多くし、抱っこやほおずりをしてスキンシップをはかり、X子の甘えを受け止め、自分の気持ちを安心して素直に表現できるように関わっていった。

ある日、子どもたちの前にたくさんの新聞紙を出し、保育者がビリビリと破りはじめると、「先生、何するの？」「わぁ、やりたい！」と子どもたちがそれぞれに新聞紙で遊びはじめた。何でも自分のものと思っているＸ子は、紙をたくさん取り、友だちにあげようとせず、うしろを向いて１人で新聞紙を抱え込んでいた。「Ｘ子ちゃん、たくさん、紙もってるね。先生にも見せて」と声をかけ、一緒に破って遊び、紙を独占して満足しているＸ子を認めていくようにした。「こっちにもたくさんあるよ」と保育者がさらに紙を出してくると、ちらちらみんなのほうを見ながらも１人で破り続けていた。Ｘ子は集中して遊んでいるのではなく、みんなが気になりながらも自分からなかなか入っていかれないのではないかと感じ、保育者が、「Ｘちゃんも一緒にしよう」と声をかけると、最初は聞こえない振りをしていたが、Ｚ子がそっとそばへいき手を差し伸べたことがきっかけとなり、みんなのそばへ寄ってきて、遊びはじめた。みんなで破っているうちに、部屋中が紙だらけになった。「雨だよ」「雪が降ってきたぁ」と、破った紙をもって飛ばしたり、紙を集めてもぐったり、部屋中走りまわり、紙に埋もれながら思い切り遊んだ。保育者が大きなダンボール箱をもってくると、そのなかに破った紙を入れ、「Ｘちゃんもお風呂に入ろう」とＺ子に誘われ、Ｘ子も箱のなかでキャーキャーと言いながら、楽しんで遊んだ。この遊びはＸ子に思い切り遊ぶはじめての体験となった。遊びを堪能して降園したＸ子は、翌日から、これまでよりもずっと素直に自分を表現することが多くなった。「Ｘ子の！」という主張は依然としてあるものの、自分からお店やさんごっこをはじめ、途中でＺ子を入れて楽しんで遊ぶ姿が見られるようになった。

* 自分の気持ちを素直に表現する

　自分の思いを素直に出せず、イライラしていたX子が、甘えたい気持ちを保育者に受け止めてもらうことで、安心して自分の感情を出せるようになり、情緒が安定してきました。思いやりに必要な要素である、自分の気持ちを素直に表現する——「自己受容」ができるようになったと考えます。そして、新聞遊びを通して身体を使って自分を思い切り表現して遊べたことにより、遊びを通して充実感を体験することができました。この自己充実の体験は、友だちと一緒に楽しさを共有できる体験ともなりました。「楽しさ」の共有体験により、X子は、独占欲を主張する必要がなくなります。それは、他児と気持ちの共有ができた安心感でもあり、充実した自己実現により自信が芽生えたからです。

　このように他児と気持ちを共有できる体験は、他児を受け入れることにもつながります。また、他児と楽しい気持ちの共有ができることにより、他児の気持ちを受け入れることもできていきます。この気持ちは思いやりにつながります。

* ていねいに子どもの気持ちに向き合うように関わる

　自分の気持ちを素直に表現できない子どもには、まず、子どもが自由に気持ちを表出できるよう、すなわち、「自己受容」ができるように、保育者がていねいに子どもの気持ちに向き合うように関わることが基盤となります。向き合う方法は子どもによって異なります。その子どもに合う方法を工夫するよう心がけましょう。

　2歳前後の第一反抗期を代表とする自我の芽生えの時期には、混沌とした気持ちが自他への攻撃性という表現でなされることもあります。このような段階では、なかなか気持ちの共有はできません。ときには全身を使った遊びを取り入れることにより、体のエネルギーの発散を通して子どものどうにも

ならない思いが放出され、気持ちが落ち着く場合があります。それにより、「自己受容」が可能となりますし、相手と気持ちの共有ができるチャンスも出てきます。子どもたちの生活を見ながら、体を使った遊びを適宜取り入れることが必要です。

> **事例4　友だちが悲しそうだと、悲しくなるM子**
> 　　　　　　　　　　　　　　　　　　　　　　M子　4歳児クラス
> 　お弁当のあと、M子はK実、T実、Y世と一緒に歯を磨く。K実とT実がY世を押し出し「だめ」といじわるをする。Y世はあまり泣いたことがなかったが、とても悲しそうに泣く。M子はその様子をじっと見ていて、Y世のそばに行き、自分も悲しそうな表情をして、背中に手をかけ、一緒にいる。

＊　友だちと同じ気持ちになる

　M子は、Y世の「悲しそう」な様子を見ているうちに、Y世の悲しい気持ちや状況からM子の心にもそれを「悲しい」と思う気持ちが起きてきます。その悲しさの気持ちでいっぱいになり、相手に何かを表現することもできません。このような気持ちは「相手と気持ちを共有する」ことでもありますが、「相手の気持ちを汲む」ことにとても近い気持ちだと考えられます。

＊　子どもが感じている気持ちを大切に

　相手の悲しい気持ちと「同じ気持ち」は、子どもの心に一番響いて相手の気持ちを気にかける芽生えとして残っていきます。この体験を大切にしたいと思います。思いやりを育む保育実践は、子どもたちの行動を見て、その関係を整理し、解決法を示唆するのではなく、子どもが気持ちを共有しているときを見守る保育により、実現できます。

　この事例のような場面に保育者が気づいたときは、子どもの感じている気持ちではなく、子どもの行動自体の評価をしてしまいがちです。たとえば「や

さしい子」「よい子」等です。子どもに声をかけるときには、子どもが感じている気持ち ── 「悲しいね」等を伝えることに留意します。なぜならば、子ども同士の間で生じた気持ちが「保育者の評価」という別の関係性をも意識させてしまうからです。

事例5　　がんばってうれしい気持ちを共有するＡ夫、Ｂ夫、Ｃ夫
　　　　　　　　　　　　　　　　　　　　　　　　　　　　　　５歳児クラス

　幼稚園の５歳児クラス。クラスでは、ほとんどの子どもたちが雲梯に取り組むようになり、最後までぶら下がって渡ることに挑戦していた。クラスのほとんどの子どもが挑戦しているなかで、Ａ夫が保育者に「これ、なあに」と手のひらを見せにきた。見ると手のひらにまめができている。「まめだよ」と言うと、野菜の豆だと思ったようで、「まめ？」と聞き返してきた。それで「うん、がんばりやさんのまめ」と言ってから、Ｂ夫もまめができていたのを思い出して「そうそう、Ｂ夫もまめができていたよ」と言うと、Ｃ夫が「おれも、まめある！」と言ってきた。保育者は３人を見ながら、「すごいね〜、Ａ夫もＢ夫もＣ夫も、まめ、できたんだね。がんばりマンのまめだよ！」と言うと、３人は手をつないで円になり、「まめできた！」「まめできた！」「まめできた、よかったね〜！」と喜び合っていた。

（習志野市立秋津幼稚園　平成15年度　研究のあゆみ）

＊　友だちの気持ちを共有する

　Ａ夫、Ｂ夫、Ｃ夫の３人は雲梯がなかなかできないくやしさや、繰り返し練習してやっとできたという喜びをお互いに体験したことで、自分と同じように頑張って「まめ」ができた友だち同士という喜びの気持ちを共有しています。友だちと共有の体験をすること、友だちに親しみをもっていることが、友だちの気持ちに気づいたり、汲んだり、共有したりする思いやり行動につながっていきます。Ａ夫、Ｂ夫、Ｃ夫の３人は、互いに友だちの気持ちの流れを感じ取ったりとらえたりする心、それを伝える力が育ってきています。

　Ａ夫とＢ夫は年少の９月ころから一緒に遊ぶ姿が見られるようになりまし

た。A夫は理解力があり、自分の思いを言葉で伝えることのできる子どもでした。B夫は、自分なりの思いをもっている子どもで、いろいろな遊びに意欲的に挑戦する姿が見られました。昨年の11月ころまでは、A夫の思いで遊びを進めていくことが多く見られました。12月ころになると、B夫がA夫に対して、自分の思いもはっきりと出すようになり、怒ったり、泣いたり、遊びから抜けたりすることがありました。

　C夫はまじめな面もありますが、10月ころから、ふざけたり、おもしろいことを言って笑わせたりすることが多く、クラスの友だちに人気が出てきました。今まで、A夫の思いを中心に遊んでいた子どもたちが自分の思いを素直に出すようになった時期と重なり、A夫は自分の友だちをC夫に取られたように感じていた時期でした。また、自分の思いをどのように伝えたらよいのか、友だちの思いをどのように受け止めてよいのかがわからず、1人で遊んでいた時期もありました。このような体験を通して、A夫、B夫、C夫は互いに相手の気持ちを感じ取ったり、気づいたり、汲んだりしてきたことが友だちの気持ちを共有するという行動につながっていると思われます。

　このクラスは、年少のときから1学年1クラスの子ども12人がそのまま年長に進級し、担任ももちあがりのクラスです。少人数クラスということから子ども同士、互いにいろいろな面を見合える環境、共有体験のしやすい環境、関わりが深くなりやすいという環境から、友だちの気持ちを共有する姿が見られるのではないかと考えます。

＊　子どもの気持ちをつなげる保育者の関わりを大切に

　体験を共有することが、気持ちの共有をしやすくします。ただし、その体験と気持ちをつなげるための、保育者の関わりが必要です。

　このように苦労し合った仲間であるからこそ、子どもたちに強い絆をつくります。特に4歳児クラスの時期は、子ども同士の友だち関係がいったんく

ずれ、葛藤の多い時期です。この時期を乗り越え、関係が深まるのが5歳児クラスです。子どもたちは気持ちがぶつかり合うような体験を経るからこそ、深い気持ちの共有ができるのです。この事例の「共有」には、相手を意識した、すなわち、これまでの体験をふまえたうえでの「共有」を見ることができます。そこには、相手を認める要素も含まれています。

事例6-①　友だちのけががよくなると喜ぶE男

E男　4歳児クラス

2週間前にけがをして、治ってきたX男の傷あとをさわって「よかったね。もう痛くないね」と一緒に喜ぶ。

事例6-②　休んでいた友だちが出てくると喜ぶE男

E男　5歳児クラス

休んでいたZ男が出てくると、「おまえ、よくなったのか」と飛び跳ねて喜ぶ。

＊　相手の立場に立って状況を理解し、自分も「うれしく」なる

　事例6-①、6-②は、相手の立場に立って状況を理解し、自分も「うれしく」なった事例です。このように、相手の気持ちとの時間の差はあっても、そのときの相手の「うれしい」気持ちを感じて、自分も同じように「うれしい」気持ちになることも「共有」と考えられます。これまでの事例とは異なり、このような自分の体験や想像等から状況を理解して判断する「共有」体験は4歳児ころから見られます。

＊　相手の置かれている状況を理解できる関わりを

　その場で感じ取れる「気持ち」を共有するのではなく、相手の状況を自分に置き換えて、想像し、そのときの気持ちを共有する。これは、体験が豊かであることや状況を理解できる能力、想像力、相手への積極的な関心等が必

要になります。そのなかで一番保育者が影響を与えるのは、相手の状況を理解しようとする思考傾向です。それは、子どもとの生活のなかで、相手が置かれている状況を、子どもが理解できるように子どもに伝えることにより育ちます。

また、状況を理解することだけでは、その体験には限りがあります。そこに加わるのは、想像力です。この想像力は、「ごっこ遊び」のなかで育まれます。「ごっこ遊び」が好きではない子どものなかには、相手の気持ちの共有がむずかしかったり、想像力が乏しい子どもが見られます。積極的に絵本や素話を発展させたごっこ遊びや、想像力を生かした劇活動を保育のなかに取り入れることは大切です。

＊ 「相手と気持ちを共有する」保育と「思いやり」

2歳児から5歳児までの6つの事例を通して、「相手と気持ちを共有する」保育を考えてきました。これまで、思いやりの発達過程のなかでは、「共感」については多くの研究が行われてきましたし、私たちも思いやりの大切な要素の1つとして追求してきました。しかし、幼児の思いやりの発達に関連する事例を収集し、研究を進めていくうちに、「共感」とは異なった概念である「共有」が子どもの姿にたくさん見られることに気づきました。今回、あらためて、「共有」という視点で子どもの事例を見ていきますと、思いやりと関連するさまざまなことがわかってきました。

「相手と気持ちを共有する」体験の芽生えは、新生児から見られる共鳴動作（初期模倣）です。子どもと大人は相互に一体化しようとする傾向があり、人が相互の通じ合いを築いていく基盤と考えられます。また、生後3か月ころの微笑には子どもと相手が微笑の交わし合いを通して、その底にある「快い愛情的感情」を共有し合っています。特に「微笑の共有」（快感情の共有）は、人を「心地よいもの」「快的なもの」として受け止め、その後のコミュ

ニケーション機能や人間に対する信頼感、愛情を支える基盤として重要な意味をもっています。今回事例として紹介した2歳児クラスの事例は、この「微笑の共有」から発展したものです。2歳ころの「共有」体験は感情を言語化できない発達段階でもあり、子ども同士が情緒を理解しているわけではありませんが、気持ちが通じ合う体験となります。そして、人に関心をもつ契機やコミュニケーション機能の1つとして発達していきます。また、人といることの安心感や共生感をも体験していきます。

また、このころには、子ども同士の関係が形成されはじめ、子ども同士の「ごっこ遊び」がさかんになってくるころです。「ごっこ遊び」は、最初は子どもそれぞれのイメージのなかではじまりますが、共通したイメージでなければ、遊びが持続できません。成長するに従い、言葉で共通のイメージを確認しながらのごっこ遊びを通して、より複雑なイメージの共有も行われるようになります。遊びのなかで相手と気持ちを共有しながら遊ぶ体験を十分に味わうことは、豊かな想像力や積極的に相手に関心をもつことにもつながります。

楽しいごっこ遊びは、他児を引きつける充実した自己実現でもありますし、ありのままの気持ちのぶつかり合いや葛藤、相手を受け入れるチャンスでもあります。特に友だち関係が深まる4歳後半くらいからは、相手との共有体験を通し、相手をきちんと受け入れたうえで気持ちの共有ができるようになります。また、判断力の発達により、相手の状況を自分に置き換えて、想像し、そのときの気持ちを共有できるようになります。

このように、「相手と気持ちを共有する」ことは、「思いやり」が豊かに発達していくことにつながる大切な要素です。保育者は、子ども同士の気持ちの共有が、発達に応じたさまざまな共有体験として実現できるよう、ていねいに保育実践をしていくことが期待されます。

3．相手の気持ちに気づく

　私たちは、「思いやり」とは、「それとない行動」であると考えています。「それとない行動」は、意識して行われるものではなく、自然な気持ちから行動しているという、「ありのままの姿」なのです。子どもの場合、「それとない行動」は、「相手の気持ちに気づく」ということが発端となっていると考えます。「相手の気持ちに気づく」とき、私たちは、情緒的に気づくということを大切にしています。子どもは、保育者が自分の気持ちに寄り添おうとしてくれる真剣な思いを情意レベルで感じ取ります。これが「情緒的気づき」で、他児に対して、「情緒的に気づく」という感性に育っていくのです。

　以下、T也の事例を通して、「相手の気持ちに気づく」とは、どのようなことであるのかを考えながら、保育者は、子どものその気づきを、どのように受け止めて保育したらよいかについて考えてみました。

　3歳児クラスのなかから、思いやりのある子どもであろうと直感したT也を選び、1学期の様子を紹介します。
　T也は、H幼稚園の3歳児クラスに在籍（男女24名、担任K、U2名）、入園後2か月になりますが、気持ちが安定しており、自分の気持ちを豊かに表現したり、行動して園生活を楽しむことができる子どもです。
　その日も、保育室の床のスペースを広く使って、仲良しのM男とプラレール遊びをしていました。そのそばでは、女の子3人が輪になって座り、粘土でそれぞれ自分の活動をしていました。また、保育室の入り口付近に置かれた机のところで、Y香が1人静かに、何とはなしに粘土をいじっている姿がありました。

3．相手の気持ちに気づく

> **事例7-①**　　雰囲気を感じ取る
>
> T也（3歳9か月）　3歳児クラス
>
> 　担任のK保育者が保育室に入ってきて、Y香の検温をはじめた。まわりで遊んでいる子どもたちに気づかってか、声の調子を下げてY香に話しかけている。T也は何となくその気配を感じ取ったのか、床に寝そべるような形で遊んでいたが、顔を上げてY香のほうを見つめた。Y香は7.4℃の発熱。K保育者と保健師は、処置について相談している。T也は、その慌しい雰囲気が気になったらしく、やがて、遊びをやめてY香のいるほうへ静かに歩いて行き、まわりの椅子に腰かけ、真剣な面持ちでY香の様子をじいっと見続けていた。
>
> 　ようやく、連絡を受けたY香の母親が保育室にかけ込んできた。ぐったりとしたY香を、かいがいしく毛布でくるむ様子を見ていたT也は、「Yちゃん、何で帰るの？」と聞いた。母親は、「お熱があるの」と言いながら、Y香を気づかってくれているT也をやさしいまなざしで見つめた。
>
> 　T也は母親がY香を抱いて廊下を走り、玄関に向かう姿を目で追いながらついていき、幼稚園の門から母子の姿が見えなくなるまで、玄関に立ちつくしていた。
>
> 　T也は、きびすを返すと、後方でT也を見守っていたK保育者と目が合い、それまでの張りつめていた気持ちがほぐれて、穏やかな表情に戻り、K保育者に抱きついた。K保育者も、T也を抱きながら、「T也君も、Y香ちゃんのこと心配してくれたのね。ありがとう！」と、思いを込めて受容した。T也はK保育者から離れると保育室に戻っていき、何事もなかったかのように遊び続けているM男のプラレール遊びに無言で戻り、遊びを続けた。かたわらで粘土遊びをしていた女の子たちも変わらず続けていた。

＊　友だちの異変に気づく

　T也がどのような気持ちでY香を見ていたにしても、まわりの異変に気づいたのです。このような場面の状況に対する3歳児の関心は、共感レベルとして、「雰囲気を感じ取った」といえるでしょう。「Y香ちゃんは具合が悪いのだろうか」と、Y香の元気のない様子に気づいて、自然に行動が生じたといえます。

Y香から少し離れた位置で遊んでいた5人の子どもたちのうち、T也1人が、保育室内のいつもと違う雰囲気を感じ取っていたのです。T也には、まわりのことに気づく感性が備わっていたといえるでしょう。

T也は、日ごろ、特にY香と親しいという関係ではありません。T也は、特定の友だちと遊ぶというよりは、子どもたちが遊んでいるその遊びに興味をもてば、加わって、誰とでも遊ぶことが多い子どもです。

＊ 保育者の受容が子どもの「思いやり」を深める

担任のK保育者は、Y香の処置をしながらも、T也がY香を心配している思いに気づいていました。そして、その気持ちを理解していたのです。T也は、日ごろからK保育者が自分の気持ちを受容してくれているという実感をもっていました。そのT也とK保育者の好ましい関わりに、信頼関係が育まれていたのです。

T也が、Y香に対して、真剣に心配をして玄関まで見送って行った気持ちは、相当に張りつめていたものと推察されます。そのT也の気持ちを汲んで、ずっとまわりから見守っていたK保育者と視線が合った途端に、T也はほっと安心したのでしょう。それまでY香に気づかっていた気持ちが緩んで、K保育者に抱きついたのです。

K保育者とT也の間に信頼関係が育まれていなければ、抱き合うという行為はなかったでしょう。K保育者の温かい受容が、T也の思いやりの気持ちをいっそう確かなものへと育んでいくものと考えます。

＊ 情緒の安定している子どもはまわりの変化に気づく

情緒が安定している子どもは、T也のように、まわりの出来事や他児の気持ちの変化に敏感に反応し、気づくものと考えられます。

T也は、家庭においても、スキンシップと会話を大切にしたいという受容

的・共感的な温かい両親の育児方針で育てられています。T也は、愛されている、受容されているという実感をもつことができていたのです。その実感が、情緒安定の基礎となっていると考えます。

情緒が不安定な子どもは、まわりから受けるさまざまなことに、自分がうれしい、悲しい、怒りたい、楽しみたいと対処することで精一杯になってしまい、まわりの子どもの気持ちにまで気がまわりません。

3歳児は、自分自身のことから、親しい友だちの気持ちに気づいていく方向に発達していきますので、保育者は、子どもが親しい友だち1～2人と関係をもつように援助をしていくことが大切です。

園庭の一隅に置かれた大きな土管の上で、3歳児の男児3名余りが、バスに見立てた乗り物ごっこをして遊んでいました。T也はそこに近づいていくと、担任のU保育者の手を離して土管の上に登り、いきなり大声で、「早くーっ」と、庭で遊んでいる3歳児たちに向かって叫んだので、数人の女の子たちが集まってきました。

事例7-② 困ったねえ、競争しようか

T也（3歳9か月）3歳児クラス

特に体格の小さいB美が登ろうとすると、T也は、「だめっ、お兄ちゃんだけなの。小っちゃい子だめっ」。続けて、「4歳の子しか入れてあげませーん」と叫んでいる（T也も他児も3歳）。しかし、女の子たちは、その言葉を無視し

て登ってしまう。

　B美は、必死に登ろうともがく。すると不意に、T也が、「乗っていいよ」とB美に言った。B美はうれしそうに登ろうとするが、登れない。T也は、土管の上からB美の腕をもって引っ張り上げようとするが、うまくいかない。

　T也は、B美の力が及ばず登れないのだと悟ったのか、突然、「困ったねえ」、「競争しようか」と、もがいているB美の気持ちを察して、B美のそばに飛び降りた。B美をいたわるように手をつなぎ、園庭中を思いっきり走りまわる2人の表情は、満面の笑みをたたえて、生き生きと楽しんでいた。2人は、かなり走ったあと、T也は山の上にB美を1人残して、土管の上に戻っていった。B美も戻って、「乗りたいのっ！」と、険しい表情で、上に登っている子どもたちを見上げて叫んだ。子どもたちは、B美の声が聞こえないのか、無関心なのか、B美に気づかない様子だ。

B美の踏ん張りも限界であると判断した担任のU保育者は、「もう1回言ってごらん」とささやいた。B美は、いっそう真剣に声を張り上げて、「乗りたいのっ！」と語気強く叫んだ。すると、T也1人が「いいよ」と言葉を返した。B美は非常にうれしそうな表情で喜ぶが、やはり登れないため、地団駄を踏み、息づかいも荒く、ハアハアと焦っている。U保育者は、そばに立っている木の根本を指して、「ここに足をかけたら登れるよ」と、声をかけて、その場を離れた。B美は挑戦してみるが、やはり、登り切れない。土管の遊びを見ていたA観察者が見かねて、B美のお尻をそっと押し上げてやった。T也は土管の上から、一生懸命にB美の腕を引っ張り、やっとのことで登ることができた。B美は、ばんざいをするように手を振り上げて、喜びの気持ちを表した。不思議なことに、土管の上で遊んでいた子どもたちは、特に関心を示さなかった。T也はB美の喜びを感じ取り、共有するように喜んで、「ここに座りな」と腰かけるスペースを示してやっていた。

＊　まわりの子どもの気持ちに気づく

　B美が必死になって登ろうとする様子を見たT也は、B美がどうしても登りたいと思っていることに気づいて、「乗っていいよ」と声をかけたのでしょう。B美の小さい体格では、高い土管に登れないことに、T也は気づいていたのです。また、T也自身の力でB美を引っ張り上げることも不可能だと自覚し、B美が高い土管に登ることは、到底無理であると悟ったのです。

　B美の、土管に登りたいという強い願いはかなわず、落胆していると察したT也は、「困ったねえ」とB美の気持ちに共感しました。そして、B美を慰めるように、すぐさま、B美が楽しめるほかの遊びはないかと考えたのでしょう。思いついたのが、「走ること」でした。走ることなら、小さいB美であっても、体力も技術もいらず、十分にできると考えたのでしょう。そして、B美に、「競争しようか」と提案したのです。しかも、T也は、B美と一緒に走ってあげて、2人で走る楽しさを共有したのでした。

T也が自分の活動をしながらも、まわりの子どもの状態に気づきを見せるということを考えてみますと、T也の家庭での遊びの体験が影響していると考えられます。

　T也は、年下から上は小学生にいたる年齢幅のある大勢の子どもたちと、近くの公園や寺院の境内でよく遊ぶという経験をしていました。そのなかで得た、さまざまな体験が基盤となって、B美への気づきや気持ちを共有する援助行動が出現したものと考えます。T也もおそらく年上の子どもから援助されてうれしい思いを経験しているのでしょう。

　また、T也は近所の子ども集団の遊びから、意見の対立によるけんかや、協力すること、仲間の思いや行動に気づかされたことなど、他児と関わる基本的な体験を経ていると考えられます。そのような体験から、同じ年齢でありながらも、自分より小さい子という意識をもったB美に、援助してあげたいと思う気持ちが自然に出現したのでしょう。

＊　保育者の適切な対応を受け、他児に気づく感性が育つ

　自己中心性の強い発達過程にある3歳児では、まわりの出来事に気づいたり、関心を示すことは少ないのが自然な姿です。

　子どもたちが考え出した土管の乗り物ごっこは、3歳児にとって、とても楽しい遊びであり、熱中していて、まわりのことには気づかないのです。もちろん、B美の存在にも叫び声にも、さらにやっと登れた喜びの声も耳に入らないまま、自分たちで乗り物ごっこをしていました。そのような状況のなかで、T也はB美の叫び声と、土管に乗って遊びたいその気持ちに気づいて、「いいよ」と言葉をかけ、懸命にB美の腕を引っ張り、登り切るまで援助を続けたのです。

　T也は入園以来、他児とともに、担任のK、U保育者に長所も短所も受容されて、安心感をもって遊ぶ集団生活をスタートしました。T也は園生活に

おいても、安定した情緒で、思い通りに行動したいと自己主張し、自己活動を楽しんでいました。自己活動に没頭して遊んだあと、担任保育者に身体を寄せて甘えることも、素直に表出していました。保育者に愛されて活力源をもらい、安定したT也は再び次の遊びへと移っていくのです。

　担任保育者の適切なT也への気づきや対応を受けながら、まわりのこと、他児のことにも気づく感性が順調に育ったと考えます。それが、B美の気持ちを汲もうとする言動、「困ったねえ」、「競争しようか」として表されて、B美の気持ちを共有したのです。

　本研究会による、「思いやり観察項目」によれば、T也の思いやり行動は、4、5歳に多く見られると評定される、「アイデアを豊かに表現する表出」、「相手と気持ちを共有する表出」に該当します。

＊　子どもの辛く悲しい気持ちを受け止め一緒にときを過ごす

　土管でのバスごっこをして遊んだ当日、T也は登園すると、めずらしく1人で保育室をウロウロとしていました。U保育者は、他児の母親と話をしていましたが、用事が終わると、T也と手をつないで庭に出、砂場に行くと、T也は、「もういいよ」と言って保育者の手を離し、泥水遊びをはじめました。ところが、折悪しく、そのころから園全体の盆踊りの練習が園庭ではじまったのです。3歳児は自由参加でしたので、砂場遊びは容認されています。T也のダイナミックな泥水遊びは、練習をしている園児たちが散漫になると考えたのでしょうか、突然、園長の禁止がかかりました。T也は、「いやっ」と反発しながら、大声で泣きはじめました。

　U保育者は、予定では3歳児クラスは参加したい子どものみであったため、T也を盆踊りの練習に誘わなかったのです。T也はこの日、ようやく見つけたのが泥遊びであったことも、U保育者は十分理解していたからです。

K保育者は、走り寄ってきてT也を抱き上げて、T也の辛く悲しい気持ちを受け止め、不快感情が治まるように、一緒に辛いときを過ごしました。ようやく、T也の不快な感情が治まってきたころには、盆踊りの練習が終わり、U保育者が数名の子どもたちとT也のところに近づいてきました。「T也君、もうおしまいだから」と慰めました。K保育者は、納得したT也を降ろして、他の遊びをしている子どものほうへ戻っていきました。

　T也はU保育者と手をつないで、土管のあるほうへと歩いて行きました。T也がU保育者の手を離して土管に登ったので、U保育者は、T也の不安定な気持ちを気にかけながら、見守るようにかたわらで他児と遊んでいました。
　T也は気持ちをすぐに切り換えたのでしょうか、すぐさま、庭で遊んでいる子どもたちに「早くーっ」と大声で叫び、関わりをもちはじめました。保育者は、母親から、「T也は穏やかで、気持ちが安定したやさしい子です。しかし、理不尽なことをされると猛反発するのですよ」と、聞いたことを思い起こしながら、T也の心の揺れ動きが安定するのを見守り続けました。

　T也は土管バスのまわりに集まってきた子どもたちに、「お兄ちゃんだけなの」、「4歳でないと入れてあげませーん」と叫びました。先の泥水遊びを禁止された心の揺れ動きに影響された発言であったのでしょうか。
　3歳児も後半になると、自分や他児の誕生日を意識するようになり、早く4歳になりたいという願望をもつ姿が見られます。また、背が高い子どもは年齢も高く、低い子どもは年齢も低いという錯覚をもっていることがあります。T也が、自分自身は3歳でありながら（体格は大きいほう）、特に小さいB美を見て、自分は4歳だと優越感を抱きながら、半分、ふざけの気持ちで発言したのかもしれません。

* 相手の気持ちへの気づきは「それとない行動」として展開する

　私たち大人でも、他人を援助した「それとない行動」は、後日、他人に感謝されるなどして、はじめて気づくということがよくあります。

　翌日、念のために、B美とT也のそれぞれに、昨日の土管での遊びを想起するようにU保育者は求めてみました。子どもたち1人1人が、どのような思いで行動していたのかを知りたかったからです。

　B美は、苦心をして登った達成感と喜びの気持ちと、「T也君が引っ張ってくれて、よかった」と話してくれました。

　一方、T也は、U保育者の問いかけに、「えっ？」と、けげんな表情をするばかりでした。バス遊びをしてとてもおもしろかった印象は思い出しても、B美を援助して登らせたことは、思い出せない様子でした。

* 子どもの気持ちの共感・受容は「そのとき」「その場」がチャンス

　この事例から、T也の思いやり行動を考察してみますと、T也の気持ちとしては、B美を引っ張り上げることを意識的に援助したのではないようです。登ることに、とても苦心しているB美に気づいて、思わず援助しようとした行動であり、それは、「それとない行動」なのです。他人が見ているから、あるいはほめてもらうことを期待したうえでの行為ではありませんでした。意識して行った行為であれば、翌日になっても、U保育者の追想する問いかけに、思い出すことができたことでしょう。

　U保育者は、子どもの気持ちに共感したり、受容することは、「そのとき」、「その場」であって、後になってからでは意味がないことを、あらためて確認したのです。

4．相手の気持ちを汲む

　子どもは保育者に自分の気持ちを十分に汲んでもらうことによって、安定して自分のやりたいことに熱中します。そして次第に保育者や友だちの気持ちを汲むようになってきます。「相手の気持ちを汲む」ことの前提には、他の人の存在を知り、相手も自分と同じように気持ちをもっていることを知っていく過程があります。そして、自分の気持ちと相手の気持ちのどちらを優先させるかの葛藤が生じます。「相手の気持ちを汲む」ときは、とりあえず自分の気持ちを抑えて相手の気持ちを優先することになります。

　子どもたちのどんな行動が「相手の気持ちを汲む」ことになるのでしょうか。思いやり研究会が作成した子どもの「思いやり観察項目」では、「困っている子どもにやさしくする」、「他児にトラブルがあると気づかわしげにみる」、「困ったり悲しんでる人の様子を見て、声をかける」、「許してあげる」、「大事なものをゆずる」、「大事な役をゆずる」を、「相手の気持ちを汲む」の行動としてあげています。ではこのような行動を通して子どもの内面にどんな力が育っていくのか、そして保育者は思いやりの心を育てるためにどのような援助をしていったらよいのかをいくつかの事例を通して探っていきます。

事例8　泣いている子どもの涙を拭いてあげる

F子（3歳5か月）3歳児クラス

　F子は、B子とN代とままごとコーナーで、粘土を丸めてごちそうをつくっている。そこへI子が母親と離れがたく泣きながらクラスに入ってくる。F子はI子に気がつくと、すぐに自分がつくっていたごちそうをお皿の上に置き、I子にかけ寄り、「Iちゃん、どうしたの？」とたずねる。I子が泣いているので保育者は「Iちゃんは、今日はお母さんと離れたくなかったのよね」とI子を見なが

ら言う。するとF子は、自分のポケットからティッシュを取り出し、I子の涙を拭く。保育者が「F子ちゃんと一緒に遊ぶ？」とI子に聞くと、I子は「うん」と首を縦に振り、F子と手をつなぎ、ままごとコーナーへ行き粘土で遊び出す。

　F子はB子やN代とも遊びますが、最近はよくI子と遊ぶことが多くなっていました。I子に関心をもちはじめているようでした。そんなときでしたので、特にI子が泣いているのが気になっていたのでしょう。F子は「どうしてなのか？」とたずね、I子がお母さんと離れたくなくて泣いているのだとわかると、I子の気持ちを汲み自分のティッシュを取り出し涙を拭いてあげています。最初は誰に対してでも気持ちを汲む行為が見られるのではなく、この事例のF子のように、関心をもちはじめている子に対して、気持ちを汲む行為が見られるように思います。

事例9　　自分で遊んでいたものをゆずる

E男（3歳11か月）3歳児クラス

　E男は車のついた丸太の飛行機に乗り、足で蹴りながらホールを走っている。年下のT夫がその様子を見ている。T夫はE男のうしろに黙って乗る。E男は「だめ！」と押す。T夫「いやだ！　乗る！」E男「だめだよ」と再び押す。T夫は大きな声で「嫌だー。乗るー」と泣き声になる。E男はふと手を止めて、T夫の顔をじーっと見る。E男「なーんだ。ちびか。うしろに乗れ」と言う。T夫はうれしそうに乗る。しばらく2人で乗っていたが、E男は「次は、おまえやれ」と、T夫を一回りさせる。T夫は満足して他の遊びへ移動する。

E男は丸太の飛行機に乗り楽しんでいましたが、T夫の侵入により遊びを阻止されてしまいます。「だめ！」「嫌だ！　乗る！」のやりとりが何度かありましたが、T夫が泣き声になるとE男はT夫の顔をじっと見て、乗せてあげます。「なーんだ、ちびか。うしろに乗れ」という言葉は、E男がT夫の乗りたい気持ちを汲んでいますが、一方で、乗せたくなかった自分の気持ちを納得させようとした言葉とも考えられます。そしてさらに、T夫のうれしそうな気持ちを汲み、「次は、おまえやれ」ともっと楽しいことを提案しています。

　集団で生活するなかでは、相手の気持ちを汲んでもかならずしもうまくくとは限りません。1人の気持ちを汲んだことで、他の子どもの気持ちが汲めずにトラブルになった例をあげながら、そこにいる子どもたちがそれぞれに相手の気持ちを汲んでいる姿を探っていきます。

事例 10　　**トラブルを通して相手の気持ちを汲む**

R子（6歳1か月）　E子（5歳3か月）
M子（5歳5か月）　S代（5歳6か月）

5歳児クラス

　何日も前から、砂場で水路づくりに熱中しているR子、E子、M子、S代が今日も張り切って続けている。そこにS夫（3歳10か月）がやってきて「入れて」と何度か言っているが、4人は反応しない。そこで近くにいたA保育者は「S夫君が"入れて"って言っているけど、どうする？」と問いかけると、E子とM子は「R子ちゃん、どうする？」と聞く。R子は「だめ！」と言う。それを見ていたのか、U男（5歳1か月）が突然飛んできて、R子の水路を足で壊しながら、「入れてあげろよ」と言う。R子は「だって嫌なんだもの」と涙を流しながら掘り続けている。「入れてあげろよ」「だめ！」が何度も続く。するとS夫が「横で見ているだけならいい？」と聞き、R子は「それならいいよ」と言う。しばらくすると、S夫は砂を掘り、U男は水運びをしはじめた。

この場面での「相手の気持ちを汲む」行動をあげてみると、U男は砂場での水路づくりに入りたいS夫の気持ちを汲み、飛んできて「入れてあげろよ」と言います。
　R子は、E子とM子に「R子ちゃん、どうする？」と返事を委ねられたことから、一緒にしている仲間の入れたくない気持ちや自分の入れたくない気持ちを汲んでくれた2人の気持ちを汲み、「だめ！」と言います。
　E子とM子は熱中しているR子の入れたくない気持ちを汲み、まずはR子に「どうするか？」と委ねます。
　S夫は入れたくないR子の気持ちを汲んで、「横で見ているだけならいい？」と聞きます。
　このように遊びの場面では、相手の気持ちを汲んで行動を起こすことはまだまだたくさんありますが、相手の気持ちを汲んでもかならずしもうまくいくとは限りません。この場合もU男はS夫の「入りたい」気持ちを汲んでも、R子の「入れたくない」気持ちを汲むことができずにトラブルになっています。

　「相手の気持ちを汲む」ことについて、仲間入りのトラブルの場合に、単純に入りたい子どもの気持ちを汲むとか、入れたくない子どもの気持ちを汲むことではないように思います。トラブルの過程のなかで、そこにいる仲間・入る人・まわりの人・保育者などが、それぞれに相手の思いを汲んでいることはよくあります。日常の小さなトラブルそのものが自らの葛藤を引き起こし、それが相手の気持ちを汲むことになっていくようです。
　しかしトラブルが、お互いに相手の気持ちを受け止め、認め合い、尊重し合えるプロセスとして意味をもつためには、保育者の共感的理解と見通しに基づく援助が必要となってきます。
　この場面で、保育者はどう援助したらいいのか、迷った場面が2か所あり

ました。
　まず最初は、S夫が「入れて」と言っている場面です。保育者がR子の遊びのこだわりが重要な体験であると考えていた場合は、R子の気持ちを汲みS夫にその気持ちを伝えていたでしょう。一方、R子の遊びが最近停滞していたり、閉鎖的であると感じていたり、あるいはS夫の遊びに加わっていく行為がはじめてのものであったのなら、何とかS夫が参加できる方法を考えたでしょう。このようないろいろな思いがよぎるなかで、ここでは保育者はとりあえず状況を見守ることにしました。
　次の保育者の迷いは、U男が「入れてあげろよ」と言って、水路を壊しはじめた場面です。壊されてしまってはかわいそうという思いがあって、U男の行為をすぐに止めようとも思いましたが、U男の壊し方がいつもと違って、何となく遠慮しているように思えたので見守ることにしました。なぜなら、U男はともすると独りよがりの正義感（「3歳児にはやさしくしないといけない」、「"入れて"と言っているのに入れないのは意地悪だ」など）を発揮し、正義の味方を振る舞い、最近まわりの子どもたちに受け入れられなくなっていたからです。ここでU男に、壊されながらも自分の遊びを守っているR子の姿から、R子の遊びへのこだわりを認め、入れたくないR子の気持ちを汲んでほしいという願いがあり見守っていました。
　これら3つの事例から、以下のことについてまとめてみたいと思います。

* 「相手の気持ちを汲む」行為を通して育つもの
・自分のしたことが人のためになることを知る
　事例8では、F子がI子のお母さんと離れたくない気持ちを汲んであげたことで、I子は楽しくときを過ごすことができました。事例9ではE男がT夫の乗りたい気持ちを汲んであげたことで、T夫は満足します。

4. 相手の気持ちを汲む

- みんながいろいろな気持ちをもっていることを知る

　事例 8、9 のようにお母さんと離れるのが嫌な気持ちや友だちのしている遊びがしたくてたまらない気持ちは、自分も経験していて「そういう気持ちあるよね」と、わかっていきます。

　事例 10 では U 男は S 夫の入りたい気持ちを汲み「入れてあげろよ」と言うことで、R 子の入れたくない気持ちと出会い、さらに入れたくない R 子の気持ちの強さにも気づいていきます。

- 相手の様子からいろいろな感じ方や考え方があることを知る

　事例 10 では「入れて」と言ったら入れてあげなくてはいけないと考えていた U 男ですが、R 子の入れたくない気持ちに気づいています。また S 夫は、R 子の入れたくない気持ちだけではなく、自分の思いを実現してくれようとしている U 男の気持ちを受け入れながら、その状況のなかで「横で見ているだけならいい？」という言い方に変えていったとも考えられます。

- 相手の気持ちを汲んだことで楽しくなる

　事例 9 の E 男は自分だけで遊びたい気持ちを抑えて、T 夫の気持ちを汲んだことで 2 人で遊ぶ楽しさを経験しました。

　事例 10 はそこに関わる U 男・R 子・E 子・M 子・S 夫・S 代・保育者がそれぞれに気持ちを汲むことで、結局は楽しい経験として残っていくことを実感しています。

＊　保育者は思いやりを育てるためにどのような援助をしたらよいか

- 保育者が子どもの気持ちを汲む

　事例 8 では、「お母さんと離れたくなかったのよね」と I 子の気持ちを汲んだ保育者の言葉がありました。事例 10 では、保育者は S 夫の気持ちを汲み、「S 夫君が"入れて"って言っているけど、どうする？」とそこにいる仲間

に聞きますが、R子の入れたくない気持ちを汲み、入れてあげることを要求しないで見守っています。

・自分の気持ちよりも相手の気持ちを優先できたことを認める

　事例9でE男が自分のやりたい気持ちを抑えてT夫にやらせてあげたことや、事例10でS夫が自分の気持ちを変え、仲間入りをしたことなどを認めることです。

・自分の気持ちが伝わらないときは相手の気持ちを知るチャンスとする

　泣いている子にはハンカチを渡せばいいとか、「入れて」って言ったら入れてあげるべきだ、入れない子どもは意地悪だ、困っている子どもにやさしくする子どもはよい子だなどと、子どもがパターン化してとらえないように配慮していくことが必要です。そして自分の「思いやり」の行為が伝わらなかったら、なぜなのか、その子どもと一緒に考える時間をもったり、次のチャンスを与えることも大切です。

　保育者も子どものことをわかってしまうこと以上に、わかろうとする姿勢が大切であるといえるでしょう。個々の行為についての解釈が正しいかどうかは誰にも決められません。また、理解していなければ、子どもの思いや気持ちを汲むことができないと考えやすいですが、保育者側の知っているつもりでいることが、かえって子どもの思いや気持ちとズレてしまうこともあります。迷いがあることが、かえって子どもの思いや気持ちを汲む努力につながり、それが子どもに与える影響も大きいようです。

　つまり保育者が子どもの気持ちを汲むときには、自分の理解を子どもに示しながら、それを確かめていく姿が大切です。共感的な理解はただ事実を理解しているだけの一方的な理解ではなく、常にやりとりのなかで確かめ合う姿勢がなければ成立しないからです。

5．気持ちの流れを汲み合う

　前項で「相手の気持ちを汲む」ということを検討しているなかで、お互いに気持ちを汲み合いながら関わり合っている姿も見られました。そしてこの関わりが深まれば深まるほど、お互いに相手の気持ちの流れを汲み合ってきますし、気持ちの流れを汲み合うことによって関わりも深まっていくようです。そしてそのプロセスが、思いやりの育ちにつながっていくと考えます。

　ここでは「気持ちの流れを汲み合う」ということをもう少していねいに見ていきましょう。子どもは相手に気持ちを汲んでもらったことで、自分の気持ちを少しずつコントロールし、また相手の気持ちの流れを汲みながら相手の思いを自分のなかに取り込んでいく姿を事例を考察しながら明らかにし、保育者の援助を探っていきます。

事例11　　うそっこの誕生会

M夫（3歳9か月）3歳児クラス

　11月のC子の誕生会のとき、2月生まれのM夫は急に「僕の誕生会は？」と言い、前に出てきてC子を押したりした。保育者はM夫に「お誕生会したいよね。でもM君は2月だから、まだお誕生日が来ないのよ。HちゃんもJ君も待っているのよ。今日はC子ちゃんのお誕生日だからお祝いしてあげようね」と言ったが、それでもM夫は泣き喚いていたので、「ちょっと待っててね」とM夫を他の保育者に頼み、C子の誕生会を行った。その間、M夫は他の保育者に抱かれて泣いていた。

　その後、保育者はM夫の誕生会をしたい気持ちがわかっていたので、何とかM夫の思いを受け止めたくて、「どうしようか」といろいろ考え、他の子どもたちに「M君はどうしても誕生会がしたいらしいの。うそっこの誕生会してあげようか？」と聞いた。すると、「うん、うん、そうしよう！」という返事がかえってきたので、保育者は子どもたちの反応に救われた思いだった。

　M夫はにこにこしながら、友だちがうたう誕生会の歌に合わせて踊り、「何が

好きですか？」（誕生会のときに誕生日の子どもに聞く質問）のインタビューも受けていた。その後、保育者が「4歳おめでとう！」とカードを上げるまねをすると、M夫は「違うよ。僕のカードは？」と聞いてきた。保育者はカードはどうしようと思ったが、余分なカードはつくっていなかったし、M夫には他のカードでは通用しないし、やはり誕生会まで待ってほしいなどの迷いのなかで、カードは渡せなかった。そこで保育者は「カードほしいよね。でもカードは本当のお誕生会にあげるから、今日はないのよ」とM夫に言った。M夫は「カードほしいよ」と泣き出したが、しばらくすると「僕の誕生日、早くきてほしいよ」と言いながら泣きやんだ。

10日後に行われたS介の誕生会でも、M夫は「僕の誕生会は？」と泣きそうになったが、すぐに気持ちを切り替えて保育者と一緒にお祝いすることができた。

　2月生まれのM夫。最近まわりの友だちが4歳になって誇らしげにしているのをうらやましく感じるようになってきたようです。特に大好きな友だちのT太が先月4歳の誕生日をしたことも影響しているのでしょう。保育者には「僕の誕生会は？」と前に出てきてしまったM夫の気持ちが伝わってきました。そこで何とかしてあげたいと思って、うそっこの誕生会をすることを提案しました。しかしM夫にはカードのうそっこは通用しませんでした。保育者としてM夫の思いは受容したとしても、最終的にはM夫が満足する形では受容しきれなかった自分に揺れ動いていました。

　M夫は「僕の誕生会！」と泣き喚き、自分の誕生会を強行することを訴えていましたが、カードはもらえなかったけれどもうそっこの誕生会をしてもらったことで、「僕の誕生日、早くきてほしいよ」という待てる言葉に変わっていきました。そこにはM夫が泣きながら自己をコントロールしている様子が見られました。それは、M夫が保育者やクラスの友だちが誕生会をしてほしかった自分の気持ちを汲んでくれたのを実感したための変化だと考えられ

ます。

＊　「気持ちを汲む」ことと「やりたいことをさせる」こととの違い

　気持ちを汲むことは、やりたいことをさせてあげることだと考えがちですがそうではありません。この場合もM夫の気持ちを汲むことはM夫の誕生会を開催することではありません。しかし、「M君も誕生会したいよね。でも２月生まれだからまだなのよ」といくら言っても、M夫はしたい気持ちばかりが膨らみ、気持ちは収まらないだろうと保育者は判断しました。というのは最近のM夫は自我が出てきたので、したい気持ちを抑えられると泣き喚き、やりたいことを押し通すことが多くなってきていました。それでここでは、何とか気持ちを抑えられるようにうそっこの誕生会を提案しました。そして、まわりの子どもたちも保育者の提案にのってくれました。それはたぶん子どもたちも、この後のM夫の様子やM夫との対応に困っている保育者の気持ちを感じ取っていたことや、普段の保育のなかでもうそっこごっこを楽しんでいたこともあったからだと思います。

＊　気持ちの流れを汲み合う関係

　「気持ちの流れを汲む」ことを考える場合、保育者が子どもの気持ちを汲むことの重要性ばかりが強調されますが、実は子どもも保育者の気持ちを汲んでいるということが、この事例を読み返しているうちにわかりました。つまりお互いに気持ちを汲み合っているのです。そのやりとりを見てみると、大きく２つの流れがあります。まず最初はM夫が「僕の誕生会は？」と泣き出したときです。保育者はM夫の誕生会をしたい気持ちを汲み、うそっこの誕生会を提案します。このときクラスの子どもたちもM夫の誕生会をしたい気持ちを汲み、また同時に保育者のM夫への気持ちも汲み、うそっこの誕生会をしてくれました。M夫は笑顔で参加しました。次の流れはM夫が「カー

ドほしいよ」と泣き出したときです。M夫はどうしてもあげられない保育者の気持ちを汲み、自分の誕生会を待つ気持ちになり、「僕の誕生日、早くきてほしいよ」と泣きながら、自分の気持ちをコントロールしていったと考えられます。つまり、気持ちを汲むとは、前提として双方の気持ちのやりとりがあり、関係そのものが気持ちを汲み合う関係であるということが明らかになりました。

＊ 子どもの気持ちに寄り添う対応

　保育者は子どもに寄り添うことが大切であるとよくいわれますが、上記にも述べたようにそれは子どものしたいようにさせることではありませんし、子どもを囲い込み1対1の関係を固定化させることでもありません。そのような状態は気持ちを汲むことにはならず、子どもの育ちにはつながっていきません。
　寄り添うとは子どもの気持ちに寄り添うのです。この場合でいうと保育者はまずM夫の誕生会をしたい気持ちを汲むことです。しかし2月生まれのM夫の誕生会をしてしまうことはできません。そしてうそっこの誕生会を提案しますが、カードはあげられませんでした。その瞬時の判断は保育者のM夫理解に基づいていますし、そこには保育者の考え方が影響してきます。そしてこうした保育者の考えや対応がまわりの子どもたちに及ぼす影響は大きいでしょう。
　このとき、保育者は子どもの誕生日をどのように考えているかというと、誕生日を心待ちにしていくプロセスにその子どもの「大きくなろう」とする育ちが見えるので、待つ気持ちを大事にしたい、だから誕生日を繰り上げてお祝いすることはできれば避けたい、他にも誕生日を待っている子どもがいるのに、M夫だけするのはおかしい、などの思いを抱いていました。

さらに保育者は、最近のM夫は自己主張が強くなって、やりたい気持ちを抑えられると泣き喚き押し通そうとする反面、少しでもM夫の気持ちに寄り添う様子を見せると、自分で気持ちを立て直すことができるようになってきているM夫の様子を的確にとらえていました。

　以上のことから、はじめての集団生活での３歳児が自己主張しながら、他者とどう出会い、他者とどう気持ちの流れを汲み合っていくのかを観察し、その経験を支えていくことが思いやりの育ちには大切であるということに気づきました。
　この事例でも、３歳児の自己主張が見られますが、もしこれを保育者がわがままだととらえ、ただがまんさせるだけでは思いやりの気持ちは育ちません。あるいは、逆に主張を全面的に受け入れM夫の誕生会を繰り上げて実施したとしても、それはそのときのM夫の思いを満たすことにはなるかもしれませんが、M夫が保育者や他の子どもの気持ちに気づくことや自分でがまんすることは経験できなかっただろうと思います。
　保育者はたくさんの迷いのなかで、M夫の要求に気づきながら、それに添えないことや何かしようとしていることを言葉や行動を通して伝えたことで、M夫は保育者やまわりの友だちの気持ちを感じながら、結果的には自分でがまんをしていくことができました。
　また、気持ちを汲むことはお互いに気持ちの流れを汲み合うことになり、思いやりの育ちにつながっていくと思います。つまり保育者やまわりの大人・仲間に十分に受容される関係から、お互いに気持ちの流れを汲み合う関係に変わっていくことが、思いやりの育ちには大切と考えられます。それは断片的にそのときどきの気持ちを汲み合うのではなく、お互いの気持ちの流れを汲み合うようになると、その関係も安定したものになっていきます。

6．相手の心に積極的に関心をもつ

　子どもたちは「相手の気持ちを汲む」ことや「気持ちの流れを汲み合う」経験を通して、より相手の気持ちに積極的に関心をもつようになります。思いやり研究会が作成した子どもの「思いやり観察項目」では、相手の心に積極的に関心をもつ行動として、「相手の気持ちを積極的に聞く」、「ありのままを認める」、「相手の心を理解しようと考えたり質問したりする」、「相手の痛みや喜びを感じ取りそれを伝える」、「相手の表情や行動を見て自らの行動を振り返り相手の気持ちを知ろうとする」、「自分ならこうすると判断し言葉で伝える」の6項目をあげています。ここでは、それぞれの具体例をあげながら、このような行動を通して子どもの内面にどんな力が育っているのか、そして保育者はどのような援助をしていったらよいのかについて考えていきます。

事例12　　相手の気持ちを積極的に聞く

M子（5歳3か月）5歳児クラス

①
　M子は、家庭の事情で早退することになった。一緒に遊んでいたR代に「Mちゃんがいなくなるとつまらないから行かないで」と言われる。M子は困った表情で「でもね、ダメなのよ」「いいでしょ？」とR代を説得し、立ち去る。R代が追いかけてくる。M子は、迎えの母親に「ちょっと待っててね」と言い、R代の手を引いて戻る。R代に「私も遊びたいのよ。今度ずっと一緒に遊ぶから今日はがまんしてね」とR代の涙を拭いてあげる。R代の表情を見る。母親が様子を見にくると「お母さんはあっち行ってて!!　まったくもー」と怒る。R代の様子を見て考える。「Rちゃん、今度はお母さんごっこしようね」と言う。R代はうなずく。M子はR代の表情を見てホッとした表情で「じゃ、バイバイ」とR代が部屋に行くのを見届け、R代の姿が見えなくなると走って母親のところへ行く。

6．相手の心に積極的に関心をもつ

> ②
> 　M子とS美は赤いリボンをお互いの手首に結びつけようとしている。M子はS美に「ねー、ねー、M子ちゃん、このリボン切って」と言われると、M子は「いーよ。このくらいにするの？」と言いながらS美の意に添うようにリボンを結び、S美の表情を見ている。

　M子はR代に「Mちゃんがいなくなるとつまらないから行かないで」と言われると、R代の気持ちを汲み、行かなくてはならないことを話しますが、それでもR代が泣いてしまうと涙を拭いてあげたり、「今度はお母さんごっこしようね」などとR代の表情を見ながら、何とかわかってもらおうと、R代が気持ちを立て直すまでいろいろなことをします。さらにこの場面では様子を見にくる母親に対して「あっちに行ってて!!」と多少強い口調で言いますが、自分たちのことは自分たちで何とかしたいというM子の思いも出ています。また、M子はR代との関係だけでなく、以前仲良しであったがしばらく遊ばなかったS美と久しぶりに一緒に遊んでいる場面②でも、自分の思いや考えだけで行動するのではなく、相手の気持ちを理解しようとていねいにS美の考えを聞こうと話しかけたり、表情を見たりして行動しています。

事例13　ありのままを認める

G子（4歳9か月）4歳児クラス

　集まりのとき、集まらないでブロックで遊んでいるC男にW男が「Cくん、集まりだよ」と言って、いきなりブロックを取り上げようとした。すると、それを見ていたG子が「Cくんは無理するとだめなんだよ」とW男の行為を止める。W男は手を止め「集まりだよ」とC男に言う。C男はしばらくすると自分で片づけ、集まりに参加する。

C男は2月生まれで、自分のしたいことを止められると泣き喚きパニックになります。しかし、最近は少しずつまわりの状況もわかってきて、やさしく伝えると多少遅れても自分から次の活動に参加するようになってきました。G子はそんなC男のことを理解し、ありのままのC男を認めながらC男に合った対応をW男に伝えていたのです。

事例14　相手の心を理解しようと考えたり質問したりする

T男（6歳1か月）5歳児クラス

　T男は一緒に遊んでいたH男に、自分は別の場所で遊びたいと告げる。H男は首を振って断っている。T男は「じゃー」と言って階段をかけ上がり、製作室に行き、空き箱で何かをつくりはじめる。T男は友だちと親しげに話している。ふと下の部屋のH男を見る。H男は1人でぼんやり庭を見ている。T男はかけおり、H男の顔をにこにこ笑ってのぞく。H男はだまって横を向く。T男は「ねえねえ、あれおもしろいよ」と2階をさす。H男は「さっきのほうがいいもん」と怒った顔をする。T男は「どうして嫌なの？」と聞き、また2階へ戻る。しばらく空き箱で製作しながらH男の様子を見て、考えている。「そうだ」と言ってH男のそばへ行き、T男は「ねえ、今日、僕のうちにくる？」と聞く。H男はちょっと考え「うん」とうなづく。T男は「じゃあね」と言って2階に行く。集まりのとき、T男はH男のとなりに座り2人で楽しそうに話している。

　T男は、H男の一緒に遊んでほしい気持ちがわかりながらも、製作がしたい自分の気持ちを優先し2階に行きますが、H男が気になり何度も見に行きます。そして一生懸命にH男が楽しい気持ちに気分を変えられるようにしています。T男は今は一緒に遊んであげられない自分の気持ちをH男にわかってほしいという気持ちをもちながら、何とか相手の心を理解しようと相手の表情を手がかりにいろいろなことを提案している様子が表出されています。

6. 相手の心に積極的に関心をもつ

事例15　相手の痛みや喜びを感じ取り具体的にそれを伝える
O子（4歳9か月）4歳児クラス

　O子は、他のクラスのY保育者が眼帯をしているのを見るとかけ寄り「先生、目、どうしたの？」と聞く。Y保育者が「目に剣があたっちゃったのよ」と言うと、O子はじっとY保育者の顔を見ながら「痛い？　大丈夫？」と心配そうに言う。その後、眼帯が取れたY保育者を見ては「もう治ったの？」「少し赤くない？」と声をかける。そしてすっかり治ったY保育者に「目、治ってよかったね」と喜ぶ。

　O子は友だちの様子をよく見ていて、よく保育者に「Iちゃん、何か元気ないみたい」などと言ってくることがあります。また実習生の名札の台がないのに気づき、折り紙で花を折り「飾りがないのはかわいそうだから、これつけて？」とあげ、翌日もつけているのを見ると、「つけてくれていて、うれしい」と言っていました。また、クラスでヒヤシンスの水栽培をして、根を伸ばすために暗い戸棚のなかに置いていますが、ときどきそれをのぞいては「すごい、こんなに伸びているよ」と喜んで友だちに教えています。このようにO子は相手の様子を見て、少しの変化も感じ取り、自分なりに感じたことを素直に伝えています。そして伝えたときの相手の反応によって、自分の感じ方や考え方と相手の感じ方や考え方を確かめているといえます。

> **事例 16** 相手の表情や行動を見て自らの行動を振り返り、
> 相手の気持ちを知ろうとする
>
> A美（4歳8か月）4歳児クラス
>
> 　A美は最近相撲が大好きで、今日も「Kちゃん、お相撲しよう」と誘い、やりはじめる。2人ともにこにこしながら押し合っていたが、しばらくすると急にK夫が泣き出す。するとA美は押すのをやめ、どうしてKちゃんが泣くのかわからない様子で棒立ちになり、心配そうに、K夫の顔をじーっと見ている。保育者が「Kちゃん、少し痛かったみたいよ」と言うと、A美はうんうんと顔を縦に振り、すまなそうに「ごめんね」と言う。

　A美は相撲で相手を押すことが楽しくて夢中でK夫を押していましたので、なぜ急にK夫が泣いたのかが理解できなかったようです。でもK夫が泣き出すとA美は押すのをやめ、K夫の顔を心配そうにじーっと見ていました。そして、保育者の助言によって自分の力が強すぎたことに気づき、K夫に謝ります。A美はK夫の表情を見ながら自らの行動を振り返っていたのです。ここでA美はK夫の感じ方を認めているのでしょう。

> **事例 17** 自分ならこうすると判断し、言葉で伝える
>
> M子（6歳0か月）5歳児クラス
>
> 　2歳児のK介が遊んでいたコマを年長児に取られて泣く。保育者が「困ったわね、誰でしょう、もっていったのは」と言うと、「あっち」と言って指でさす。S世（5歳2か月）が笑って逃げていく。保育者が追いかけていくが姿が見えなくなる。それで通りかかったM子に「SちゃんがKくんのコマをもっていったの、もらってきて」と頼むと、M子は少し変な顔をするが「いいよ」と言って出かける。しばらくして戻ってくる。そしてM子は「先生、自分でやんな」と言う。保育者が「でも、Sちゃんが逃げるからだめなの」と言うと、M子は今度はK介に「じゃ、お姉さんが違うコマ探してあげる」と言って手を引いていく。K介は納得する。

M子は保育者に頼まれてコマをもらいに行きますが、コマはもらえず戻ってきます。そして保育者が「でもSちゃんが逃げるからだめなの」と言うと、状況を理解しコマをほしがっているK介の気持ちを汲み、自分ならどうするかを考え行動します。単純にS世からコマを取り返すことだけが、K介の思いを汲むことではないことを教えられました。

＊　「相手の気持ちに積極的に関心をもつ」行為から
　　　　　　　　　　　　　　　　子どもの内面に育つもの

　事例12の場面①のM子のR代への対応や事例14のH子への対応から、T男は相手の気持ちを汲みながら関心をもつことで相手を理解し、いろいろな対応があることを知っていきます。

　事例15のM子は自分の感じ方や考え方を相手に伝えていますし、事例16のA美はK介の表情を見ながら相手の感じ方を認めて、自らの行動を振り返っています。

　以上の事例から、子どもは相手の気持ちを汲もうと自分なりにいろいろな行為を起こしますが、自分の思いと違った相手の反応があると、戸惑ったり困ったりします。そして、なぜだろう、どうしたらいいのだろうかといろいろと試行錯誤します。そこには確かめる作業が入ってきますが、確かめることは相手を知ろうとする気持ちや相手に感じ方や考え方があるということが前提になっていますし、相手を認めることにもなります。そしてそのときの手がかりになるのは相手の表情やしぐさです。相手の気持ちに積極的に関心をもつことは、この試行錯誤を通して相手の気持ちを感じながら、相手を認め、自分の考えを深めたり判断力を養っていき、思いやりの気持ちの育ちにつながっていくと考えられます。

＊　保育者はどのような援助をしていったらよいか

　事例16の相撲ごっこをしている場面では、保育者がA美に対してK介の状態を伝えることで、A美に相手の表情や行動を見て自らの行動を振り返る機会を与えています。

　他の事例では直接、保育者の援助は見られませんが、保育者が1人1人の子どもに対して願いをもって見守っているまなざしが感じられます。たとえば、事例13のG子がC男のありのままを受け止めている場面では、日々の生活のなかでC男の気持ちを大事にしながら、C男が少しずつ自分でしようとしていることを認めている保育者の姿勢が読み取れます。

　また、事例12のM子がじっくりとR代やS美の気持ちを聞いている場面や事例14で自分の遊びをしたいT男が一緒に遊びたくてさびしそうにしているH男に対して、一生懸命に自分の気持ちを伝えながらも相手の心を理解しようと考えたり、質問したりしている場面では、子どもたち同士がじっくりと関われる時間が保証されている環境が用意されています。

　つまり日々の生活のなかで、保育者は子どもの気持ちや子どもからの要求に対して、保育者の思いこみで決めつけてしまわずに、どういう気持ちなのか、どんなふうにしてほしいのかなどをじっくりと聞く、やりとりのある生活づくりをしていくことが大切になってきます。

7．相手を援助しようとする

　思いやりが育つ過程で、子どもが経験する事柄と、それに関わる保育者の対応について、これまで事例を通していくつかのことについて述べてきました。本節では、「思いやりの発達過程とその精神構造」を追求するためにS幼稚園の3歳児クラスから5歳児クラスまで観察してきたE男（5月24日生まれ）の事例を通して「相手を援助しようとする」気持ちや行動がどのようにして出現するようになったのかを振り返り、出現の要因となった事柄から保育のあり方について考察してみます。思いやりは、これまで述べてきた通り一直線上に年齢を追って順調に育っていくのではありません。私たちは、思いやりは子どもが、子ども・大人とともに過ごすなかで、葛藤やトラブル・けんかなど思いやりとは逆の様相を伴った経験を積み重ねながら、螺旋状に育っていくと考えてきました。思いやりの内容としてとらえてきた「援助しようとする」気持ちの育ちや行動も同様に年齢を追って明確に表出することはありません。いろいろな人との関わり合いのなかで、大人に自分の存在を受け入れてもらいつつ、人の気持ちに気づいたり、人の気持ちを汲んだり、自分の気持ちを汲んでもらおうとするなどの経験が絡み合い、絡まった糸が解きほぐされるようにして「相手を援助しようとする」気持ちが出現するようになります。また、成長の過程を行きつ戻りつしながら人の気持ちに共感し、自ら判断する行動として「それとない援助」を提供するようになることをこれまで確認してきました。3歳以前にも千羽・帆足の観察では、それとなく相手を気づかい「相手を援助しようとする」気持ちや行動が見られることが報告されていますが、ここではE男の3歳児クラス3歳10か月から5歳児クラス6歳6か月まで観察された事例を通して「相手を援助しようとする」気持ちの表れや行動に着目して考察してみます。

事例18−① 自ら他児の面倒をみる

E男（3歳11か月）3歳児クラス

　E男は年下のS男と追いかけ合って遊んでいる。S男が鼻水を出していることに気づいたE男は自分のポケットからティッシュを取り出し、追いかけていき肩に手を当てのぞき込むようにして鼻水を拭き取る。S男はさっぱりした表情で再び走り、声を立てて笑い合いながらE男と遊ぶ。E男もうれしそうにしている。

　数日後、E男とS男が一緒に製作をして遊んでいる。E男がS男に語りかけ、表情を見ようとしてS男の顔をのぞき込み鼻血を出していることに気づく。E男は慌ててティッシュを取り出し拭き取り、保育者を呼びに行く。保育者が処置をする。E男は安心した表情になる。

　この事例のほか、E男には遊んでいて友だちのズボンのボタンがはずれているのに気づき、そばに近寄りはめてあげる、お弁当の用意に手間取っている友だちのところに行き手伝ってあげる、上履きを履いていない友だちに気づき上履きをもってきてあげる、絵本を借りる数がわからないでいる友だちに気づき一緒に教えてあげるなど、2学期の後半まで相手の様子を見ながら、「相手を援助しようとする」気持ちや行動が多く見られました。

　3歳児クラスに見られた事例18-①のような行動が出現する背景となっているE男の家庭環境や幼稚園の保育について考察し、思いやりの内容としてとらえている「相手を援助しようとする」気持ちや行動を起こす要因となっている事柄について以下のように考え、保育のあり方を追求してみました。

＊　家庭環境からみる「相手を援助しようとする」気持ちの育ち

　E男は、両親・3歳年上の姉・本人・3歳年下の妹の5人家族です。母親に子育てについてインタビューした記録によると、「3人の子育ては、長女を育てるときより楽しく楽です。長女のときは余裕がありませんでしたが、今はにぎやかで、ときには"少し静かにしなさい"と叫びますが、にぎやか

7. 相手を援助しようとする

さから元気をもらうことがたびたびあります。E男は特ににぎやかな子どもで、よだれを流しながらよく笑い、よく泣き、両親に甘え、膝の上に乗ってきます。姉は、弟とけんかもしますが、弟を頼って何かと助けてもらっています。妹は初語がニイニでしたが、"ニイニ、ニイニ"と兄を追いかけています。E男も妹がかわいいのか泣いてぐずっていると"私が放っておきなさい"と言っても心配であやしたりしています」と述べていました。

　母親はおおらかな印象を与え、服装も化粧も自然で、細かいことにはこだわらないといった感じでした。E男の幼稚園の帰りの迎えは、母親が妹を連れてきます。E男は友だちに妹を紹介してとてもうれしそうにしていました。

　朝の登園は父親が担当していました。父親とは休日にボール遊びをしているようでした。後にE男と父親はテニスをはじめるようになります。

　以上の家庭環境から、E男が3歳から4歳にかけて幼稚園で友だちと過ごすなかで、思いやりとしてとらえている「相手を援助しようとする」気持ちや行動の出現の要因となっていると思われるいくつかの事例を探ってみます。

・母親のおおらかさと父親の対応から受容体験を得て安定感がある
　E男は両親に受け入れられ自分の存在を認めてもらっていますので安定感があり、ありのままの自分を自由に表現できます。したがって、自分に対する評価を気にすることもなく、自分で経験したことを友だちに自然に表現や行動として表して、それとなく相手を援助していきます。

・家庭で姉・妹の世話をしたり、されたりする心地よさを体験している
　けんかも含めて3人のきょうだい関係のなかで、お互いに助け合って生活し、どんなときにどのような援助をしたら心地よいか、相手の気持ちを汲ん

だり、自分の気持ちを汲んでもらったりしながら自然に身につけてきています。

・母親を通して援助する方法を見て学んでいる

　母親はＥ男に妹の世話を頼みながらも、様子を見て、鼻を拭いたり、衣服の世話をしたり、食事の世話をしたりしています。その様子を見ながら自分でも再現する機会をつくっているようです。また、関係があまりうまくいかない妹と母親のやりとりを見て、おせっかいになるような援助は避けているようです。

＊　幼稚園での生活からみる「相手を援助しようとする」気持ちの育ち

　Ｓ幼稚園は午前中のほとんどを保育者や友だちと遊んで過ごします。子どもたちは、自分の興味に基づき活動を選び、いろいろな場や物を見つけ、出会った友だちと遊んだり１人で遊んでいます。保育者は、自分のクラス以外の子どもに対しても、保育室や園庭のいろいろなところを移動しながら遊びの様子を見て、助言したり、一緒に遊んだり、教材を用意したりします。３歳児クラスは13名で、経験豊かな保育者が担任しています。園庭は広く、土の上を駆けまわったり、サッカーボール遊びなども十分できます。木も多く、花壇にいろいろな花が植えられ、ウサギも飼育されています。室内は、各年齢の保育室のほか、遊戯室と図書室があります。

・Ｓ幼稚園の保育環境や保育は集団生活の場としてＥ男にふさわしかった

　Ｅ男は、姉の在園中もたびたびこの幼稚園を訪れていましたので、環境には慣れていましたが、集団生活の経験ははじめてでした。しかし、はじめての幼稚園生活に自然に溶け込める場や雰囲気、ゆっくりした時間の流れが備わっていることから、Ｅ男はこれまでの家庭生活と違和感をもつこともなく、

はじめての集団生活を出発しはじめていました。ですから、ありのままの自分を表して、保育者やほかの子どもに出会っていくことができたのです。はじめての集団生活で、家庭と同じように自分が受け入れられていることを経験したことは、その後のE男の行動に自由感を与え、他人の評価を気にすることなく友だちや保育者と関わり、「相手を援助しようとする」気持ちや行動を自然に起こさせる結果につながりました。こうした経験が、思いやりが順調に育っていく要因をつくったと考えられます。このようにして、E男の友だち関係の育ちは、家庭生活から幼稚園生活に向けて順調に育つ経過をたどりました。

・家庭で学んだ援助の仕方を幼稚園でそのまま再現する

　母親が姉や妹にしていた世話を、E男は自分が接している友だちに対してそのまま再現していました。おせっかいとは異なった援助でしたから、E男はそうすることによって友だちとの関わりが深まり親密になることを自然に感じていたようです。3歳児のクラスには、世話をしたくなるような子どもがたくさんいましたので、E男にとってはよい機会となりました。援助をしたくなるような雰囲気が自然にできていたようです。保育者は、思いやりが育つためにこのように具体的に子ども同士が自然に援助をする機会を与える雰囲気をつくりだすことも必要です。E男の行動をほほえましく見守っていた保育者も印象的でした。この3歳児クラスでは、複雑な感情を伴わない自然に表出する「相手を援助しようとする」気持ちや行動が多く見られました。こうしたときを、保育者は大切なときとして子どもの行動をありのまま受け止め、楽しんで過ごし、次の行動の方向を見極めつつ、子どもとともに生活する実感を得て保育を進めていきたいと思います。

事例 18 −②　　先生に頼まれて他児の面倒をみる

E男（5歳6か月）4歳児クラス

　11月、動物園に行く。自分より年下の子どもと手をつないで行こうということになる。担任の保育者は誰とつなぐか1人1人の子どもに聞く。E男に誰とつなぐか聞くと考え込み黙っている。これまでのE男の友だち関係の生活の様子から担任の保育者は、E男なら自閉的な傾向のあるK男と手をつなぐことができると判断し、また、つないでほしいの願いもあって「Kちゃんとつなぐ？」と聞く。E男は「うん、つなぐ」とうれしそうにK男を探しに行く。K男は6歳で多動的であるが、E男とは走りまわってたびたび一緒に遊んでいた。

　動物園では、K男は走りまわりE男がそのあとを一生懸命ついてまわる。昼食時にK男がレストランに飛び込む。E男は保育者に知らせ、保育者と一緒にレストランに入り「お弁当、食べよう」と懇願してみんなのところに保育者と一緒に引き戻す。

　帰りは、E男は「もう僕だめだよ」と疲れた様子なので、保育者がK男の担当になる。園に帰り、E男がK男に預かっているものを返そうと近づくと、K男はいきなりE男を思い切り蹴飛ばす。E男はびっくりし大声でとても悲しそうに泣く。

この事例は、３歳児クラスのときの自発的な援助の事例とは異なり「相手を援助しようとする」気持ちや行動が、保育者の働きかけとＥ男の意志と絡まって経験した内容です。

　Ｅ男のこの経験にいたるまでの様子を簡単に説明して、この遠足の事例について考察し保育のあり方を考えます。

　Ｅ男は、３歳児クラスの後半も幼稚園の集団にさらになじみ、友だちや先生とも信頼関係がとても自然に形成されている印象を受けるようになっていきました。一方、おどけたりふざけたりする行動も目立ち、集まりのときに保育者から注意を受けることもありました。３歳児クラスの前半に見られたような援助行動も多く見られましたが、友だちとのトラブルも多く、自分の主張が聞き入れられないで泣くことも多くありました。４歳児クラスになり担任の保育者は男性保育者になりました。遊びも行動も活発になり、毎日元気に楽しそうに幼稚園にきますが、友だちとの関わりのなかで、リーダーシップをとり、命令口調になることがあり、友だちや保育者に注意され、友だちや保育者との関係で葛藤することもたびたび見られ、大声で泣くこともありました。保育者も、Ｅ男を友だちとの関わりでどのように援助したり受け入れたりしたらよいか試行錯誤の毎日でした。このような状況のなかで２学期を迎え、遠足の日になりました。

＊　友だちとの関わりから相手の立場と自分の立場の違いを学ぶ
　「相手を援助しようとする」気持ちや行動の育ちの過程で、自分の存在や他の人の存在を意識しはじめますと、自分の主張と他人の主張のぶつかり合いを経験します。この成長過程の経験をＥ男は、３歳児クラスの後半から４歳児クラスにかけて体験していました。Ｅ男の生活のなかでは、思いやりとは逆の様相が次々に出現してきました。「相手を援助しようとする」気持ち

を表したり行動したりしますが、これまでのように友だちに受け入れられるとは限りません。E男は混乱しながらも遊びを通して自分のアイデアを提案して友だちとの関わりを深めようとしていました。K男に対しては、K男の動きや興味に引きつけられるように一緒に行動することがたびたび見られました。保育者はこのことに着目し、E男にK男の援助を依頼しました。自閉的な子どもの気持ちを汲むことは大人でもむずかしいことです。E男は、喜んで手をつないだり、追いかけたりしましたが、レストランでの出来事を通して限界を感じ、保育者と交代します。幼稚園に帰園した後、E男はK男に蹴られびっくりして大泣きをしましたが、E男は、K男に自分の行動が受け入れられなかったことも感じたようでした。保育者の思いを超えた経験でしたが、E男は保育者に慰められてK男の立場も感じることができたようでした。思いやりの育ちにおいて「相手を援助しようとする」このような経験は貴重です。「相手を援助しようとする」気持ちや行動は、保育者が子どもの育ちやまわりの状況を見極めて、子どもに積極的に働きかけることも必要で、そのことを通して自分の立場と相手の立場の違いを経験することができます。

事例 18 −③　相手の立場を理解して援助する

E男（6歳2か月）5歳児クラス

　3歳児Y男は、噛みつくことが多く同じクラスの子どももY男がいると泣き、クラスの集まりができない。3歳児クラスの担任の保育者が困っていると、E男がその様子を見て「Y君おいで」と5歳児のクラスに連れて行く。Y男は、年長の子どもたちが考えていた「字当てゲーム」に加わり喜んで答える。E男は驚き「Y男ってすごいね」とほめる。Y男は得意そうに次々と答える。E男は「Y男、いろいろ知っていておもしろいね」と自分たちの仲間に加えて遊ぶ。Y男は認められE男たちと遊ぶことが多くなり噛みつきが次第に少なくなる。

E男は、3歳児クラスからたびたび泣き声が聞こえ、自分の3歳児クラスの担任だった保育者が困っている様子に気づき様子を見ていました。Y男の遊ぶ様子にE男は興味をもっていましたのでY男を誘います。困っていた保育者もE男の誘いを受け入れY男を託します。年少組の子どもたちや保育者はホッとして落ち着いた雰囲気になり、その後もたびたびE男にY男を託すようになりました。E男は、多くの葛藤やトラブルを経験し、また保育者との関わりを通して「相手を援助しようとする」気持ちや行動が、3歳児クラスとは異なった形で再び出現するようになります。年長になり相手の立場に立って相手をありのままに受け入れる「他者受容」に移行しつつある様子が受け止められました。もちろん、年長になってからも葛藤やトラブルの繰り返しのなかでの経験でした。このE男の経験に影響を与えていると思われる保育のあり方について考察してみます。

＊　充実した活動と保育者の対応から相手への援助のあり方を学ぶ

　5歳児クラスになり仲間の関係はより密度の濃い関わりになります。誰が遊びの主導権をとるか、遊びによっても異なりますが、それをめぐってトラブルが続きます。男性保育者が様子を見ながら子どもたちの1人1人の意見をよく聞き対応していました。遊びの提案をしたりリーダーになるE男に、いばっていると友だちから非難され、その理由がわからないでいるE男に保育者が説明をし、納得することもしばしばありました。「君はこう思っているでしょう」といった相手の気持ちを推測する発言もこのころ多く見られました。相手の気持ちを聞こうとする姿勢を保育者から学んでいたようです。

＊　年下の子どもとの関わりから援助のあり方を学ぶ

　事例に記したように、Y男との関わりから3歳児クラスとの交流も多くなり、相手の要望に応える援助のあり方を経験しました。E男は、その後、と

きどき、3歳児クラスに出かけ「遊んでやるか」と働きかけ、物をつくったり、悪役になって逃げまわったりしていました。相手にどう関わったらよいか、どのように援助したらよりよい関係が生じるかなど、援助のあり方を3歳児クラスの子どもとの関わりからも得たようでした。

　以上、思いやりの内容として考えている「相手を援助しようとする」気持ちや行動が3歳から6歳にかけてどのように育っていくかE男の成長過程で見られた事例を通して考察し、保育のあり方を追求してみました。
　家庭での親子関係の安定はもとより、親の生き方から多くを学び、それを集団生活に取り入れている様子が、E男の事例を通して明らかに示されました。
　保育の場では、保育者が子どもの家庭での育ちを大切にし、それを活かし、1人1人の子どもをどのように受け入れ対応していくか、家庭や子どもとともにどのような保育をつくりだしていくか、保育の現場の主張を家庭に押しつけるのではなく、連携を大切にすることを心がけたいものです。そのことが「相手を援助しようとする」気持ちや行動を子どもに起こさせる要因になり、思いやりの育ちを促す結果となります。E男の3年間の育ちの事例を通して明らかに示された事柄でした。

8．自分の行動と他児の気持ちを関連させながら状況を判断する

　思いやりが育つ過程で子どもが経験する事柄と、思いやりが育つ保育について、これまでいくつかの項目をあげて考察してきました。それは、自分の気持ちを汲んでもらったり、気持ちを共有したり、相手の気持ちに気づく経験をしたり、相手の気持ちを汲んだり、気持ちの流れを汲み合ったり、積極的に相手に関心をもつ経験であったり、相手を援助する経験であったりしました。こうした経験に続いて、本節では「自分の行動と他児の気持ちを関連させながら状況を判断する」子どもの経験と、それに関わる保育者を通して、思いやりが育つ過程と保育のあり方を追求してみます。前節でも記述しましたが、上記に記したような各項目は、順を追って出現するのではないことを再び確認しておきたいと思います。さまざまな経験が絡み合いながらときを経て振り返って見ると、上記のような経験があって思いやりとしての育ちを見ることができます。しかし、比較的に年齢が幼いときに出現したり、逆に年齢が進んだところで出現する項目もあります。それは、子どもの集団生活が長くなり友だちとの関わりが深まり、子どもが保育を通して経験する事柄が多様化された結果、年齢がある程度進んだところで出現するようになるためです。「自分の行動と他児の気持ちを関連させながら状況を判断する」経験も「状況を判断する」こと自体、多くの経験が必要になります。したがってこの項目では、年齢が低い段階での出現はあまり見られませんでした。「自分の行動と他児の気持ちを関連させながら状況を判断する」事例は、以下3例とも5歳児クラスで見られた事例です。

事例19 「私、言い過ぎたかしら」と自らを振り返る

M代（5歳8か月）5歳児クラス

　M代とH子は、お誕生会の会食で並んで座る。それぞれランチョンマットを敷きコップを置く。ピッチャーに入ったお茶がまわってくる。5歳児クラスの子どもは、自分で適量をコップに注ぐことになっている。H子がピッチャーを受け取り自分のコップに注ぐ。H子は、見ながら注いだにも関わらず、お茶がコップからあふれ、M代のランチョンマットを濡らす。M代は顔を真っ赤にして怒る。「こんなに濡らして、私、ママに叱られるでしょう」と声を荒立てて言う。H子は、ハッとした表情になるが、大声で泣きはじめる。M代は、当惑した表情でその様子を見ていたが、声を静めて「私、言い過ぎたかしら」とH子に語りかける。H子は、泣きやみM代に「ごめんなさい」と謝る。M代は「うん」とうなずき、自分のランチョンマットを外で絞り、手で伸ばして使う。H子も同じようにして一緒に食事をはじめる。

　M代とH子は対照的な子どもでした。M代は第2子で、兄と母親の関係がスムーズにいかない状況のなかで、2人の気持ちの動きをよく見て対応していました。母親は兄とM代の世話をよくし、愛情も細やかに注いでいました。母親は、人を傷つけるような行動や言葉に対しては、はっきりと2人に言い聞かせていましたが、兄はそのことをなかなか受け入れられず、反抗的な行動が目立ちました。幼稚園では、M代は活発で外遊びが好きで、友だちともよく遊び、自分の意見をはっきり言い、ときには言い争いになることもありました。声を立てて大声で笑う顔が印象的でした。母親や保育者によく甘える行動も見られました。

　H子は、第1子で2歳下に妹がいました。妹は活発でしたが、H子は行動が緩慢でよくけがをしました。言葉もゆっくりと発言し、自分の意思を相手に伝えるのが苦手でしたが、自分の意思に沿わないことは、はっきり拒否をしていました。母親はピアノの教師をしていましたが、2人の姉妹の世話はよくし、明るく表情の豊かな人でした。H子は、絵を描くのが好きで発想豊

かな絵を描いていました。H子もM代と同様に母親にも保育者にもよく甘えました。

　このような2人の出会いは、共通した活動を通しては見られませんでした。しかし、保育者は、意図的にグループをつくり、お弁当を一緒に食する機会をつくったり、制作活動をともにする機会をつくったりし、お互いの存在を知る機会を多く設定していました。

　この事例のお誕生会の会食の席は、M代とH子は偶然にとなり同士になりました。特に親しげにする様子はありませんでしたが、嫌がっている様子も見られませんでした。2人ともうれしそうにかばんからコップやお箸を出し、ランチョンマットを敷いたところでした。その後、前述のように、2人とも「自分の行動と他児の気持ちを関連させながら状況を判断する」経験をすることになったのです。この経験の背景となっている事柄について2つの視点から考察してみます。

＊　個性が活かされて自分を表現しながら幼稚園生活を送る

　2人が通っている幼稚園は、それぞれの興味に基づき、自己実現が十分にできる場と時間が保障されています。5歳児になったM代とH子には、課題が課せられた活動も多くなりますが、午前中のほとんどの時間は、遊びを通して十分に友だちと関わり、興味のある活動を実現していました。2人の興味は異なり、友だちも異なりますが、それぞれが異なった生き方をしていること、またそれが許されていることをM代もH子も感じていました。ですから、トラブルがあってもそれぞれの存在が否定されることはありませんでした。M代は、H子に対して怒りをぶっつけますが、H子の反応から、いつものH子の様子を察知して自らを省みます。そこで、「自分の行動と他児の気持ちを関連させながら状況を判断する」言葉で応答したのです。H子も大声で泣きますが、M代の「私、言い過ぎたかしら」という対応にすぐに泣きや

み「ごめんなさい」と謝りました。こうした相互の対応は、急に育ったものではありません。それぞれの家庭のあり方を背景に、毎日の保育のなかで、子ども1人1人が個性を活かされ、それを認め合う経験を積み重ねることが必要です。

＊ 保育者が子どもの状況を把握し、保育の工夫をしている

　5歳児クラスになった子どもたちは、担任保育者の提案で5～6名のグループをつくり、お弁当を一緒に食べたり、ゲームをするチャンスが与えられ、これまであまり接触する機会のなかった子どもと関わる機会が多くなりました。グループはときどき変わり、保育者も他のクラスの保育者が加わりました。子どもたちは、このグループの活動を楽しみにし、自分とは異なったいろいろな考え方や行動をする友だちがいることを、新しい友だちとのグループの活動を通してあらためて知る機会となりました。こうした活動のなかで、M代もH子がどのような子どもであるかを知る機会を得ていたようです。ですからM代は、一瞬、戸惑いますが、H子の様子から「私、言い過ぎたかしら」と自らを振り返ったのです。H子も保育者にすぐに訴えることもなく、自分の行動とM代の気持ちを関連させて「ごめんなさい」と謝りました。

　いろいろな友だちとの関わりや保育者との関わりを通して、自分の行動と相手の気持ちを関連させる経験は、思いやりが育つ過程で大切にしたい事柄です。保育者は、そのような機会をどのようにして子どもの活動に組み入れていくか、保育者全員で話し合う機会をもち、保育をつくりあげたいものです。

8．自分の行動と他児の気持ちを関連させながら状況を判断する

事例 20　　ぐずる妹の気持ちを立て直すため、
　　　　　　　母親と妹の関係を取りなす

E男（6歳5か月）5歳児クラス

　Y子（E男の妹1歳11か月）の機嫌が悪く、母親がなだめるが泣いてぐずる。母親は、しばらく対応していたが、Y子をそのままにして家事をはじめる。E男が幼稚園から帰宅し、妹に「どうしたの？」と聞く。いつもE男に「ニイニ」と言って頼るが、この日はいきなりE男の顔を叩き母親に叱られる。E男は「どうしたんだろう」とY子の様子をしばらく見ている。Y子は「ママ、ママ」と激しく泣く。母親が「E男、放っておきなさい」と言う。母親は再び「何がほしいの、何がしたいの」と聞く。Y子は「バカ、バカ」とさらに激しく泣く。母親は「そんなにわからないことを言って、ニイニやママを困らせるならお手洗いに入って泣きなさい」と叱る。Y子はさらに泣いて暴れるので、ついに母親はトイレに入れる。

> E男は、部屋のなかで落ち着かずウロウロしているが、母親に「Yちゃん、出してあげて」と言う。母親は、「しばらくそのままにしなさい」と言う。E男は、「僕、おしっこしたくなった、がまんできない」と言う。母親が「じゃあ、入ってもいいよ」と言うと、ホッとした表情でなかに入る。Y子はE男に抱きつく。E男は戸を閉め、なかに入る。Y子の泣き声が聞こえなくなる。水を流す音がして、2人の笑い声がする。「Yちゃん、もう大丈夫だって」とE男が言う。2人で手をつないでうれしそうな表情をして出てくる。

　E男は、幼稚園から帰宅してY子の様子に戸惑います。E男なりにY子に対応しますが、うまくいきません。Y子の気持ちを推測しながら、自分がどうY子に働きかけるか母親との関係を探りながら模索します。Y子がついにトイレに入れられると、その状況を見つつ、自分なりに判断して行動を起こします。母親もE男の気持ちをほほえましく受け止め、E男にY子を託します。この事例は、母親の報告を書きとめたものですので、母親の気持ちが込められていますが、E男の「自分の行動と他児の気持ちを関連させながら状況を判断する」にいたった気持ちや行動を考察する心に残った事例です。思いやりが育つために、保育者がこのような経験を子どもにどのように保障したらよいか考察してみます。

＊　他児の気持ちを理解し行動を起こすよい経験

　6歳のE男は、Y子の誕生からこれまでの成長の過程とそれに関わる母親の対応に触れ、自分もそれに関わってきました。Y子の機嫌のよいとき、悪いとき、ぐずるとき、いろいろな表情、しぐさ等、自分とは異なった存在として受け入れ、状況を見つつ対応してきました。E男には3歳年上の姉もいましたから、姉とはまた異なった関わりの経験もしていました。家庭でのこのような人との関わり合いで、感情を伴った多様な経験は、自分の存在と他

8. 自分の行動と他児の気持ちを関連させながら状況を判断する　171

者の存在を関わらせながら、状況を見て自分のとる行動を判断する経験として重要なこととなります。こうした気持ちの育ちや行動が、思いやりを育てていく大切な内容となり経験になります。思いやりが育つために「自分の行動と他児の気持ちを関連させながら状況を判断する」経験は大切です。きょうだいがいない子どもについては、いろいろな友だちとの接触の機会をできるだけつくり、感情の伴った人との関わりの経験を与えたいものです。

＊　育ちに関わってきたまわりの人々の影響

　E男の生活環境は、普通のサラリーマン家庭ですが、両親の祖父母は田舎で健在でたびたび交流があり、両方で行き来することを楽しみにしています。東北に住む父方の祖父は、子どもたちのために畑を用意し、その作業を孫と共にすることを楽しみにしています。E男の友だち以外に、姉の友だちも家庭に遊びに来て、E男と交流し「E君、E君」と慕われています。このようにE男は、両親の生活のあり方を通して、多様な経験のなかで基本的に愛されている経験をしています。物質的な豊かさのなかでなく、人との交流の豊かさのなかで、他児の気持ちを感じ、大人からその対応のあり方を学んでいる様子がうかがえました。自分と他児との関わりのなかでの気持ちのもち方や行動のとり方は、まわりの大人の温かい気持ちの支えや行動の影響を受けて、判断する力が少しずつ育っていく様子を見ることができました。

事例21　「はっけよいのこった」とけんかを仕切る

K子（5歳6か月）5歳児クラス

年長児のT代とM子がすごい顔でにらみ合いをしている。そこを通りかかったK子がびっくりして2人の様子を見ている。しばらく様子を見ていたが、状態が改善されないと感じたK子は、いきなり2人の間に入り込み「はっけよいのこった」と仕切る。ユーモアに富んだそのしぐさに離れたところから見ていた保育者

は思わず噴き出し笑いをする。T代とM子はその様子を察知し、K子に向かって怒り出す。M子が、まず「ふざけないでよ」とK子ににじり寄る。続けてT代が「真剣なんだから」とK子に言う。K子は「すまん、すまん」と頭を抱えて逃げ出す。保育者がK子に"はっけよいのこった"は、よかったのにね」とほほえみながら語りかける。K子は、「お相撲のにらみ合いだったからね、でもね、2人とも真剣に怒っていたんだ」とさわやかに言いのけ、「まあ、任しておきましょう」と保育者を引っ張って外に向かった。

　K子の担任の保育者は、K子の「はっけよいのこった」と言ったユーモアのセンスにも、T代とM子のにらみ合いの状況把握にも、その後の対応にも人の気持ちをよくここまで感じ取ることができたと感心させられました。

　K子は、6か月前、弟の誕生に戸惑い、幼稚園で泣いたり怒ったり保育者を大変困らせました。保育者に抱かれ、みんなに「あかちゃん」と言われて、けんかになり、トラブルが続く毎日でした。担任保育者は、そのころの記録に「Kちゃん見いつけた」と題してK子とのやりとりを記しています。複雑な気持ちのK子に毎日振りまわされながら、やっとK子の気持ちに近づくことができた様子が記されています。保育者は、K子との関わりから他の子どもの気持ちにも近づくことができるようになったとも記しています。K子と

8. 自分の行動と他児の気持ちを関連させながら状況を判断する

保育者の関わりを通して、K子が他児の気持ちに気づき状況をとらえて、自分なりの判断で行動を起こすようになったこの事例について考察してみます。

* **混乱のなかで保育者や友だちの支えにより他児の痛みに気づく**

　K子は弟が誕生したあと、家庭でのこれまでの自分の立場が変わり不安定になって、幼稚園で友だちに対していじわるをしたり、陰口を言ったり、きつい言動が多くなります。そしてK子は「友だちが仲間に入れてくれない」と言い大泣きをします。そのたびに保育者が友だちの立場を説明したり、K子の立場を説明したりします。友だちも「K子ちゃん、なんだかおかしくなっちゃった」と悩むことがしばしばでした。ある日、K子がバザーで求めたブローチがなくなったと大泣きします。保育者が探しますが見つからず、K子はいろいろなことを言ってぐずります。保育者が戸惑っていますと、3人の友だち（3人のなかにT代・M子も含む）が親身になって長い時間をかけて探してくれます。見つかりませんでしたが、友だちが代わりのものをつくってくれました。気持ちを切り替えることができたK子は、「さっきは、私のこと喜ばしてくれてありがとう」と保育者や友だちに言います。K子は、自分が混乱しているときに、自分の行動に対して友だちが示す気持ちや行動を受け止める経験をすることができました。そして再び、新しく自分のあり方を模索しました。保育者や友だちが子どもの混乱にどのように対応し、他児の痛みに気づくように援助していくか「思いやり」が育つために大切な事柄です。

* **保育者の関わりが「状況を判断する」力を育てている**

　K子のイライラに保育者は振りまわされながらも、その関係を模索していました。当時の保育者の日誌に「よし、今日はK子に即してじっくり過ごそ

うと覚悟するが、H男たちのグループのトラブルに巻き込まれ、その処理に時間をとられ、思うようにK子に関わることができない」と記録されています。しかし、忙しく動きまわる保育者のこのような配慮は、まわりの状況を見ているK子に伝わっていきます。そしてK子は保育者に迷子を想定したごっこ遊びを提案します。K子は「私が迷子になるから先生が探すのね」と言い自分は隠れます。保育者は、他の子どもに関わったり、様子を見たりしながら、やっとK子を見つけたように振る舞います。保育者が「K子、どこに行っていたの！　胸が張り裂けそうだったわ、もうどこにも行かないで！」と抱きしめる、するとK子はニヤッと笑い満足するといった具合に遊びが展開されました。この遊びはしばらく続きますが、また違った展開になります。朝、登園時にK子は「カッコー」と鳥の鳴きまねをして物陰に隠れます。保育者が「あら！　カッコーの声だわ、どこかしら……」と探し、K子と対面するといった具合です。ユーモアにあふれたこうしたやりとりによってK子は、自分と他の人との気持ちの交流を深め、状況を判断しつつ、適切な行動を見出すことができるようになります。そして事例に記されたような他児に関わるようになるのです。K子に関わった保育者のユーモアに満ちた関わりが、K子に「自分の行動と他児の気持ちを関連させながら状況を判断する」力を育てました。

　以上、「自分の行動と他児の気持ちを関連させながら状況を判断する」について3つの事例を通して考察してきました。いずれも、5歳児クラスで見られた事例です。この項目は、子どもが友だちや保育者やたくさんの人との出会いのなかで多様な経験を通して獲得していく項目だと思います。思いやりが育つために、幼児期に経験する大切な事柄です。子どもが、集団のなかで、豊かな感性と適切な判断をもった保育者に出会ってほしいものです。

9．子どもの葛藤のときを共にする保育者

　これまで私たちが思いやりの研究を進めるなかで、思いやりが育つための他者の心に触れる重要な体験として葛藤体験をあげてきました。それは、他者との関係を深めるための欠かせない経験としてとらえたからです。葛藤は、他者と関わるときに自己主張・自己実現として思いやりとは逆の気持ちや行動として表れます。さらに葛藤は、他者への関心が深まり遊びを充実させようとする幼児期、特に4歳前後に大変多く出現していることをこれまで確認してきました。もちろんそれ以前にも、以後にも見られます。

　私たちは、特に4歳前後で繰り返し経験するこの葛藤を通して、子どもが自己主張や自己実現をするためには、他者の存在を受け入れる経験を自分ですることが必要であることを学びました。そして、それが「思いやり」につながると考えています。しかしこの葛藤のときは、子どもがトラブルを起こしたり反抗的になったりするため、保育者は子どもを受け入れることができなく、拒否したり抑圧してしまいがちになります。そのことによって子どもは自分の存在を受け入れてもらえないと感じ、他者との関係がさらに悪くなり、他者の気持ちを受け入れたり、感じたりすることが、困難になります。したがって、健全な自己主張や自己実現ができなくなり、思いやりの育ちによい影響を与えることができません。

　そこで、私たちは思いやりが豊かに育つために「子どもの葛藤のときを共にする保育者」について研究を重ね、第52回日本保育学会でその結果を発表しました。ここではその結果を引用して保育のあり方を考察したいと思います。

事例22　幼稚園のものは、全部自分のもの

S也（4歳8か月）4歳児クラス

　4歳児クラスに進級したS也は、砂場で遊んでいた5歳児クラスのH夫の使っていた木の積み木でできた船を使ってみたくなった。様子をしばらく見ていたが、ちょっとの隙を見て船をだまって使ってしまった。H夫は怒ってS也から取り戻そうとするが、S也は離そうとしない。「使っているんだから返せ」とたびたびS也に言うが返さない。H夫は、ついにS也から無理に船を取り上げてしまった。様子を見ていた保育者がS也に順番を待っているように言い聞かせるが、S也は「がまんできない」と言う。保育者が、H夫に「ちょっとだけ貸してあげて」と頼むとH夫は「だめだよ、そんなの」とにらみつける。S也は、困っている保育者を見ていたが、滑り台の上にかけ上がり泣きながら「幼稚園のものは、全部自分のもの」と大声で叫ぶ。保育者が「裏庭で船を探そう」と提案するが、S也は応じない。保育者は、同じような船がないかと探すが見つからず戻ってくる。滑り台の上からH夫たちの遊びを見ていたS也に「やっぱりなかった」と言うと、S也は「うん」と言ってうなづいた。保育者もS也と一緒に滑り台にのぼり、H夫たちの遊びを見る。S也の表情が次第に穏やかになる。

9．子どもの葛藤のときを共にする保育者

*　子どもの気持ちの葛藤の高まり

　「幼稚園のものは、全部自分のもの」「がまんできない」と叫んで自分の気持ちを訴えるＳ也の主張は、そのころのＳ也の状況をよく表していました。Ｓ也は、４歳児クラスに進級して２か月半が過ぎ、新しい友だちや新しい保育者に出会っていました。そのためかこれまでのように自分のやりたいことがスムーズに実現できません。４歳児クラスになりクラスの人数が多くなった仲間のなかで、自分の使いたい遊具はいつも誰かが使っており、自分が使うまでに長い時間待たなければなりません。無理に奪って使おうとすると、友だちや保育者に非難されます。５歳児クラスの友だちは３歳児クラスには親切にしますが、Ｓ也たちには厳しく、同等に対応し、これまでのようにやさしく接してくれません。５歳児クラスの遊びは大変魅力的で仲間に入りたくても拒否されます。３歳児クラスのときは、黙って入ることが許されたのですが、今は、許可を得て入れてもらわなければならず、また断られることのほうが多いのです。入れてもらっても役割をはっきり要求され、それに応えることもできません。保育者は忙しく動きまわり、Ｓ也にばかり関わっていられなくなっていました。Ｓ也はよく泣き、友だちとのトラブルも多く「またＳちゃんだ」と友だちにも保育者にも、トラブルメーカーとして認識されていました。Ｓ也は、１人っ子で両親にとてもかわいがられていました。両親に幼稚園でのトラブルが本人や保育者から伝えると「本人とよく話し合い、言い聞かせますから」ととても恐縮して熱心に対応します。Ｓ也は両親との関係はよく、両親の話には、「はい、わかりました」と聞き分け、気持ちを立て直して幼稚園に来るように見えました。こうした状況のなかでＳ也の気持ちの葛藤は、さらに深まっていきました。

*　保育者のチームワークのなかで、子どもの葛藤のときに向き合う

　この幼稚園では、４歳児クラスになりますと１人の保育者が担当する子ど

もの人数が10名増えます。どの園でも3歳児のクラスから4歳児のクラスになりますと、子どもの生活する力が育ってきますので一クラスの人数は多くなります。ところが、4歳から5歳にかけて、特に人との関わりが複雑になり、自分の存在を意識するような精神的な成長のときを迎えるころ、人と自分を比較したり、もっと上手にいろいろなことをやってみたいと思ったりします。「くまのプーさん」の作者ミルンは、この4歳のときを「僕は、大きくなりたかった」と表しています。保育者は、こうした子どもの成長の様子を、心得てはいるのですが、なかなか対応しきれないのが実情です。この日の担任保育者の日誌にも、次のようなことが記載されていました。「今日10時ころになってS也と共に過ごすことを思い出す。しかし、S也の遊んでいるところまでたどり着くまでに、ロッカーに入ったA代や本を借りるB介の援助に手間取り、S也とは遊ぶことができなかった。S也の心に触れることがむずかしく、S也がわからないと実感した」とあり、保育後のミーティングでもS也の対応について話し合われました。葛藤のときを迎え、むずかしい精神状態にある子どもにしっかりと、しかもゆっくりと関わり、その子どもの心に触れる実感をもつことが、保育者に求められている大切な事柄です。しかし、それは担任の保育者だけでは実現できません。毎日の保育をみんなで振り返り、他の学年やクラスの保育者がS也に出会っても対応することができる体制をいつも整えておくことが必要です。また、担任以外の保育者とS也が心を通わすことができたときには、そのことを大切にすることも必要です。保育者が、S也に寄り添うことでS也の気持ちは、少しずつ穏やかになり友だちの様子を見る余裕が生じました。保育者は自分1人で問題を抱えるのでなく、みんなで1人1人の子どもに向き合うチームワークのとれた保育を実現することが、子どもの葛藤のときを乗り越えるよい機会をつくることになります。子どもが葛藤しているときを大切にとらえ、できる限りそのときを共に過ごすようにしますと、子どもと保育者がお互いの心に触れ

る機会になり、子どもも他者の気持ちを受け入れ、その経験が思いやりの育ちにつながっていくことになります。

＊　家庭との連携のなかで新しい方法を見出す

　S也の両親は、先に記したように子どもを育てることに積極的でまた子育てに意義を感じています。子育てに関する本もよく読み、S也に愛情をもって接しており、手づくりの物を与えるように工夫し、物ではなく精神的なS也の欲求もできる限り受け入れているようです。感情表現も豊かで、創作活動も得意でした。ですからS也に関しては、家庭で困った経験はあまりなかったと、母親は保育者に伝えています。しかし、1人っ子で幼稚園から帰宅すると、両親との関わり以外には接する人はいなく、自分の欲求はほとんど満たされ、自分の力や存在に挑戦する相手はいませんでした。自己主張をしたり自己実現をする際、相手の気持ちを察知する必要がなく、またその機会もありません。したがって、S也は幼稚園で経験したトラブルを家庭で両親に説明してもらっても、友だちの気持ちや保育者の気持ちを感じることが困難であったと思われます。S也は、家庭の生活と幼稚園の生活のギャップに非常に戸惑っていました。3歳児クラスのときは、比較的に家庭の生活に近いなかで集団生活の経験ができていましたから、保育者もあまり問題を感じていませんでした。4歳児クラスになり、友だちとの葛藤が頻繁に出現し、両親も保育者も友だちもS也と共に混乱するようになったことは、S也にとって大変意味がありました。お互いにそれぞれの立場を知るよい機会となったからです。S也の両親は、S也の変化を通して、これまでのように家庭での受容を大切にしながらも、子ども同士の経験をどのようにS也に保障していったらよいかを、学ぶときが与えられました。幼稚園でも、少子化が進む社会現象と高層化の進む住宅状況のなかで、子どもが子どものなかで育つことが阻害されている現実に直面し、家庭とどのような連携をしたらよいかの

課題が与えられました。自分の存在や主張を受け入れてもらうために、相手の存在や主張を受け入れる葛藤を、Ｓ也にできる限り体験してもらう必要を両親が感じ、新しい話合いが幼稚園との間で行われました。子どもが他者の存在を受け入れ、他者を認識するためには、家庭と幼稚園がお互いの立場を理解して具体的に何をしたらよいか、保育時間や遊び場の検討をすることが必要です。

事例23　みんななんか嫌いだ！

Ｉ男（5歳1か月）4歳児クラス

11時ころ、それぞれの子どもが十分に遊んだと判断したＩ男の担任の保育者が、片づけて食事の準備をするようにみんなに呼びかける。11時半になり室内で食事の準備が整い、子どもたちはお弁当を出す。Ｉ男は園庭をウロウロ歩きまわっている。担任の保育者が「Ｉちゃんもみんなと一緒にお弁当を食べよう」と呼びかける。Ｉ男は、担任保育者を無視して園庭の中央に行く。Ｎ保育者がＩ男に近づき「Ｉちゃんお部屋に入ろう」と声をかける。Ｉ男は「アッカンベー」と言って逃げて行く。Ｎ保育者は再び近づき手を引いて「お弁当、一緒に食べよう。みんなが待っているよ」と言う。Ｉ男は無言。Ｎ保育者が「どうして行きたくないの？」と聞くとＩ男は「みんななんかきらいだ」と言う。「お友だちも、先生もＩちゃんのこと待っているよ」と困惑して繰り返す。Ｉ男とＮ保育者は別々に園庭を歩きまわる。Ｎ保育者は靴箱のところに行きＩ男の上靴を取り出して「はい」とＩ男に渡す。Ｉ男は自分の上靴を取り、いきなりＮ保育者に投げつけ「アッカンベー」といって逃げる。Ｎ保育者は「痛い！」と一瞬と戸惑うが、Ｉ男に向かって「アッカンベー」と同じように言ってふざけ、別の場所に移動してＩ男を見ないようにして、片づける振りをしながら様子を見ている。Ｉ男はぼんやりしていたが上靴を拾って履き、自分の部屋に行き、空いている場所を見つけて座り、お弁当を出し食べはじめる。外にいたＮ保育者が全体の様子を見てまわっているとＩ男が近づき「お弁当全部食べたよ、見てみて」と、手を引っ張って自分のところに連れて行く。「ワアー、よく食べたね、すごい」とＮ保育者は、うれしそうにＩ男の顔を見て笑いかける。Ｉ男もうれしそうにしている。Ｉ男は、翌日から遅れながらも保育室に入るようになった。（※Ｎ保育者はフリーの保育者）

9. 子どもの葛藤のときを共にする保育者

* 子どもの家庭環境と生育歴をきちんとおさえる

　I男は、3人のきょうだいの真ん中です。生まれたときから左耳の鼓膜に異常があり、数回手術をしています。そのたびに入院を経験しました。集中力や理解力があり、お話や絵本の読み聞かせに特に興味を示し、目を輝かせて聞いていました。疑問を感じた事柄には自分が納得いくまで質問をし続けました。3歳児クラスでは1人遊びが多く、保育者の手を特にわずらわすこともなく生活力もあり、淡々と遊んでいました。I男は、昆虫に興味があり知識も豊富で幼稚園の昆虫の住みかを知っており、5歳児クラスなどの友だちに興味をもたれていました。

　家庭では、2歳年上の兄と1歳半年下の弟に挟まれ、けんかが多く、顔に引っかき傷を絶えずつくっていました。4歳児クラスになり、特に母親が幼稚園に迎えにくるとかならずいろいろな要求を言い、聞き入れられないことのほうが多く、母親を叩いたり蹴ったりして暴れ大声で泣いて困らせました。保育者が仲介してI男をなだめますが、なかなか感情を静めることができませんでした。登園のときもぐずり、保育室に入ろうとしない日がありましたが、事務の男性職員がゆっくりI男と対応しますと、表情が穏やかになり1人で保育室に向かいました。保育室に入っても友だちはすでに遊んでおりI男に関心を示しませんので、保育者が声をかけ、関わりますが「向こうに行って」と押しのけるようにして1人で庭の隅の虫を見つけていました。おもしろい発見があると、保育者を呼び、報告し一緒に喜んでいました。友だちも興味深く、I男のまわりに集まり楽しそうにみんなと会話し関わりますが、他の遊びには加わろうとしませんでした。

* 保育者も葛藤し葛藤のときを共に過ごし一緒に乗り越える

　I男の家庭環境と生育暦を考えますと、I男が情緒不安定でイライラする気持ちを保育者はよく理解することができました。できるだけ保育者の誰か

がⅠ男と関わるようにすることに心がけるよう、打ち合わせをしていました。Ⅰ男の興味のある虫を通して、友だちとの関わりを広げる努力もしていました。しかし、4歳児クラスになると個別の対応がなかなかできにくくなります。遊びの後、片づけがはじまりますとⅠ男は、広くなった園庭をゆっくり歩き、遊具に触れてまわります。子どもたちが保育室に入ると、自分の気に入った遊具で遊びはじめるようになりました。担任の保育者も、同じクラスの子どもたちも、Ⅰ男がいつまでも1人で外にいることが気にかかるようになり、Ⅰ男に部屋に入るように呼びかけますがなかなか応じようとしませんでした。フリーのN保育者がこの状況に対応することになり、数日間、Ⅰ男に関わり、友だちとの遊びに誘うなど、Ⅰ男が十分に遊ぶことができるよう配慮し、様子を見ながら保育室に入るように促しますが、なかなかうまくいきません。この日は、担任保育者の希望もあり、保育室に入ってみんなと一緒に、活動してほしいという思いが強く、N保育者が「どうして行きたくないの?」とⅠ男の気持ちを聞くことになりました。Ⅰ男は、「みんななんかきらいだ」と、強く言います。4歳児クラスの友だちと満足して遊ぶことの経験があまりなく、自分の存在感をクラスのなかに感じることができなかったのだと思います。「お友だちも、先生もⅠちゃんのこと待っているよ」とN保育者は、困惑しながらも心を込めて、みんなの意志を伝えます。しばらくの間、Ⅰ男とN保育者はそれぞれの思いを抱えながら過ごします。お互いにどうしたらよいか考えるときでした。そしてN保育者は、Ⅰ男の背中を一押ししたい思いで、上履きをⅠ男に差し出しました。すると、Ⅰ男は上履きをN保育者に投げつけ「アッカンベー」と対応します。しかし、N保育者は、Ⅰ男に確かな関係ができたと感じⅠ男に同じように対応します。Ⅰ男が、「部屋に入りたくない」という主張を、そのままにしておくのでなく、N保育者も「どうしたらよいか」葛藤しつつ、Ⅰ男に積極的に、働きかけます。Ⅰ男の課題に一緒に取り組むN保育者に、Ⅰ男は、説明しがたい自分の気持ちを

9. 子どもの葛藤のときを共にする保育者　183

ぶっつけながら「みんなのところにいこう」と決断したようです。Ｉ男は、この日保育室に入ることによって、Ｉ男の存在を、みんなが大切に思っていたことを確認でき、保育者や友だちの存在を少しずつ受け入れるようになりました。

　子どもの葛藤に向き合うとき、保育者も葛藤の経験をすることになります。そのとき、その場の経験を振り返ってみますと、お互いの存在を認識し合うよい機会となっていることが明らかになります。しかし、葛藤に関わっているときは、できたら避けて通り過ぎたい気持ちになります。子どもとともに葛藤のとき、葛藤の場を経験し、避けることなくそれを乗り越えていくことによって、お互いの心に触れ、思いやりの育ちを促す結果となります。

事例 24　「じゃ」とはなによ、「いいわよね」とはどういうこと
　　　　　　　　　　　　　　　　　　　Ｎ美（6歳3か月）5歳児クラス
　２人の年長の女児が、楽しそうに「お母さんごっこ」をしている。Ｈ香がお母さんで、Ｊ子が赤ちゃんになっている。和やかな会話が交わされ、自分たちの生

活の再現がごっこ遊びとして展開され、忙しそうに振舞い、満足そうである。そこにN美がやって来た。それまで、別のところで遊んでいたが、H香とJ子の楽しそうな会話が聞こえ、その雰囲気に誘われ、ニコニコしながらしばらく様子を見ている。N美は、「入れて」と言う。2人は、一瞬沈黙し、顔を見合わせる。N美は、表情をこわばらせ再び「入れて」と言う。2人は、黙って下を向いている。沈黙が続く。N美は、再び「入れて」と、強く言う。H香は「じゃあ入って」という。J子はH香と顔を見合わせ「いいわよね」と言う。N美は、2人のやりとりを見て、一瞬黙る。そして大変憤慨した表情で「H香ちゃん、"じゃ"とはなによ "じゃ"ということはいやなの？ J子ちゃんも "いいわよね" とはどういうこと？」と言う。J子は「いいから、いいわよねと言ったんでしょ、いいじゃない」と言う。N美は、さらに「"わよね"ということはただのいいこととは、違うじゃない」とくやしそうに目に涙をためて口を尖らせて抗議する。H香とJ子は図星をつかれたという表情をして顔を見合わせる。H香はふと気を取り直すように「N美ちゃんごめんね」と言う。N美は、表情を和らげ、ニコリと笑顔になり仲間に入る。J子もH香も爽やかな表情になり、それぞれの役割を話し合う。

＊ お互いの心を探り合うような葛藤体験を

　事例24は、N美の「入れて」に対する2人の年長の女児の気持ちの葛藤場面をとらえた事例です。この事例を通して、大人の気持ちの葛藤に共通する心の様相を垣間見た思いをしました。5歳児クラスになり、遊びが広がり、役割や内容を明確に把握し、仲間と関係を深めて活動を展開するようになりますと、友だち関係の葛藤もこれまでのイザコザとは異なります。子ども同士が、お互いの心を探り合うような、葛藤の経験をし、他者の心に触れ、自らの心も振り返ります。こうした葛藤は、大人も経験する葛藤で、保育者が介入する余地がありません。しかし、他者との関係を深め、他者を受け入れるための大切な経験になります。H香とJ子の充実した遊びに引きつられN美も加わりたくなり「入れて」と申し出ますが、2人の関係で遊びを続けた

い思いも伝わります。そこで、双方に気持ちの葛藤が生じました。「入れて」「だめ」といったやりとりは、子どもの集団ではよく出会う場面です。この事例は、単純な「だめ」に留まらず、女児たちのやりとりに意味がありました。

*　集団生活で、充実した活動と親しみを感じられる仲間関係を形成する

　5歳児クラスになりますと集団生活も最上級になり、自分たちの力でいろいろな活動を企画したり、実践したりするようになります。保育者がどのような援助をするかによって、活動の内容も顕著に変化します。充実した活動のなかで友だちとの関わりも深まり、相手の心に触れる経験もします。それが、他者を受け入れる経験となり、思いやりの育ちとなります。保育者は、子どもたちがどのような活動に興味をもち、どのような友だち関係を形成しているか、観察しつつ援助を心がける必要があります。保育者の環境づくりにより子どもたちの活動がいっそう充実したものになります。充実した活動を通して仲間関係も新しく形成され「思いやり」も育ちます。

*　保育者は、子どものやりとりに安易に介入しない

　5歳児クラスになりますと、できる限り子ども同士のトラブルは、子どもに任せ、保育者は一定の距離を保ちつつ様子を観察することが必要です。保育者が、単純に「ごめんなさい」と言うように子どもに強制したり、「入れてあげよう」と誘導したりしますと、子どもが、お互いの心に触れ合う機会を失ってしまいます。子どもが、経験している心の葛藤に寄り添うよう心がけたいものです。しかし、暴力を振るったり、友だち関係が育っていない場合もありますので慎重に経過を観察し、介入しなければならないときもあります。いずれにしても、保育者は、子どもの葛藤のときを大切に見守り、共にそのときを寄り添う心をもち続けたいものです。

10. 自己実現する子ども

　子どもが自分の気持ちを自由に表現しながら、自己活動を充実することは、自己実現の1つと考えられます。そして、自己活動を充実していく過程で、他児の介入と出会い、他児の存在や気持ちに気づいていきます。このように、自己実現には、「自分」を形成する要素であると同時に、他児への関心が芽生える——という2つの要素をもちます。そのうえ、自己実現をしている子どもの活動は、生き生きしており、その魅力的な活動に他児は引きこまれていきます。ですから、他児からの積極的な介入を呼び、思いやりの中心課題でもある「葛藤」を豊かに体験することにつながり、ゆえに他児を意識し、他児の気持ちに気づく機会がたくさん得られることにつながります。自己実現の過程で大切なことは、他者に影響や強制されないありのままの「自分」を育むことです。自分の気持ちを自由に表現できるありのままの「自分」が他児と真剣に向き合うことにより、そこで「他児」のさまざまな気持ちと出会うことで、自分の一方的な要求に支配されずに、他児の気持ちを受け入れようとする思いが育ちます。そこには、その場面を多角的に分析できる「判断力」の育ちも影響します。

　「自己実現」が思いやりにつながる重要な要素であることは、すでに述べました。「自己実現」を育む保育のあり方のなかで大切なことは、保育者が自己実現の意義を自覚し、子ども1人1人の「自己実現」を願って、いつも子どもに心を向けることだといえます。子どもに心を向けていると保育者の援助が必要なのか、見守ることが必要なのか等、子どもにそのときどきで適切な関わり方が見えてきます。

事例 25　　　異年齢児との関わりで自分を表現できるようになったM実

M実（3歳児）異年齢クラス

　M実は、4月から保育園に通っている新入園児である。なかなか自分の気持ちや考えを表現することができず、特定の友だちもいない。異年齢クラスなので、やさしく自分の世話をしてくれる5歳児クラスには、心を開いていくといった感じであった。

　クラスに自閉的傾向のある4歳児クラスのW子がいる。W子はとてもM実をかわいがり、ときにはM実が自分ができることであってもすべてをW子がしてあげるという状態だった。M実はいつもW子に合わせていた。そのようななかでM実を見ていると、友だちと遊んでいても表情が暗く落ち込んでいるときがあることに気づいた。「M実ちゃんどうしたの？」と聞くと、黙って何も答えない。自分の心のなかに閉じこもってしまうようだった。しかし、外遊びのときは、「先生、一緒に遊ぼう」と保育士が外に出るのを待っていることも多かった。また、登園することが嫌になってしまうこともときどきあった。

　ある日、同じクラスの3歳児クラスとM実がブランコ遊びをしていた。保育士が「ブランコ遊び楽しそうね」と声をかけると「うん、おもしろい」と応え、M実は、「M実ね、H也君のブランコ、押してあげるんだ」と言った。保育士が「H也君いいね。高くなっていくね」と言うと、M実は少しうれしそうであった。次に、R男が保育士に「先生、ぼくのも押してよ」と言うと、「先生、M実が押してあげる」と言ってR男のブランコをうれしそうに押す姿も見られた。

　また別の日。この日は保育士を待っていることもなく同じクラスの5歳児・4歳児・3歳児と遊ぶ姿があった。Y介が「白泥（白砂のこと）お団子にかけよう」と声をかけ、泥団子をつくっているようである。M実「今日は雨が降るから、あんまり白泥ないね」。この日は湿っていて園庭が乾燥していなかった。保育士が「よく気がついたね。でも少しはあるかもしれないよ、探してみたら」と声をかけると、園庭をしばらく眺め、白泥を集めに行った。「白泥いる人？」「白泥いる」などの言葉が飛び交うなか、5歳児クラスのR男が「ねぇM実ちゃん、一緒に遊んでいい？」と3歳児クラスのM実に言いに来た。R男も一緒に入り、その後も砂場セットをもって白泥集めが続いた。3歳児クラスの数名は遊びのリーダーであるR男

に「まだ？」「もういい？」とたずねていた。途中、4歳児クラスのN也も「入れて」と聞いてきたが、M実が「だめ」と応える。N也は「なんで？」と聞くが、M実は黙々と泥遊びをしている。保育士が、「M実ちゃん、みんなで遊んだほうが楽しいと思うよ」と言うと、どうしようかなという表情で考えている。そのうち「お父さんしてよ、お父さん」とM実が言い、N也も遊びのなかに入った。その後も泥遊びは続き、M実の「R男君、R男君」と呼ぶ声が聞こえ、楽しそうに遊ぶ姿が見られた。5歳児クラスのR男がやさしくM実をリードしていたので、M実も自分の気持ちを素直に表現でき、楽しく遊んでいた。

　また、このころから、5歳児クラスのW子に世話をされる一方だったM実が、W子を断って自分でやろうとする姿が多くなった。

＊　「自分」の存在を実感し、より豊かな自己活動を

　はじめは、園にも慣れず、自分の気持ちを言葉にすることがむずかしく、心を閉ざし気味のM実でしたが、遊びを通して、互いに喜び、楽しさを共感し、また友だちのやさしさに触れ、次第に心を開いていくことができました。そのため、ありのままの自分を表現して友だちと遊べるようになり、今までなかなか言えなかった自分の思い・気持ちをみんなに伝えることができるようになりました。このように、以前は、世話をしてくれる年上の友だちに合わせていたM実が、自分の意思をはっきり言えるようになったのは、遊びを通して「自分」の存在を実感できたことが基盤となっています。この実感は、M実に安定感や自信の形成を促しました。そして、さまざまな異年齢同士の遊びのなかで自分の気持ちに気づき、友だちと関わる体験を通して、自信をもって遊びのなかでの「自分」の位置づけができるようになりました。このような体験の蓄積から、ありのままの自分をさらに表現でき、より豊かな自己活動へとつながっています。そして、その姿は、自己活動への意欲にも見られています。自己活動が充実していることは、子どもでは、自己実現そのものであるといえるでしょう。

＊　子どもの発達段階に応じた自己実現のできる援助を

　子どもが自分を素直に表現でき、自己実現できるためには３歳未満児においては、保育者との関係における存在の実感であり、３歳以上児では、クラス内における自分の存在の実感です。「存在の実感」とは、相手の心のなかに自分が信頼できる人として、あるいは認め合える人として存在していることが感じられることです。まずは、年齢に応じて、または子どもの発達段階に応じた「存在の実感」がもてる援助が必要です。そのためには、子どもが自分から見つけた活動の楽しさを、保育者が認めていることを言葉できちんと伝えていくことや、クラスの子ども集団のなかで子どもの活動を同様に、きちんと認めていくことです。

　異年齢クラスにおいては、「世話をする立場」「世話をされる立場」など、年齢や発達の幅に、広がりがあります。すなわち、自分の存在の位置づけが多様にできる可能性があるということです。その可能性のなかで、子どもは自分の安心できる位置を見つけやすいのです。同年齢クラスのみではなく、異年齢の他のクラスとの交流も活用することができると、自己実現できる可能性も広がります。

事例26　自己を表現しながら自己実現するＡ実

A実　５歳児クラス

　５歳児のＡ実は、友だちに迷惑をかけることも、けんかになることも少なく、「良い子」ととらえられていた。担任保育者はＡ実が気にかかりながらも、特に関わりが必要な子どもだという意識まではなかった。しかし、他の保育者から「Ａ実ちゃん、大人の目ばかり気にしているみたい」と言われ、これまで気にかかってきた部分がはっきりしたように感じた。その後、Ａ実の様子を見ていくと、大人の期待に応えて「良い子」になろうとする姿や、失敗を恐れて自分のもっている力を十分に発揮できない姿、意識的にトラブルを避けている姿、友だちと楽しそうに遊び込むことの少ない姿に気づいた。そこで、担任保育者を中心としながら、

クラスのグループの活動を通して、A実が楽しく充実できる体験ができるように配慮した。その際、A実が「自分の気持ち」を自由に表現できるように心がけ、また、A実が気づかなかった「相手の気持ち」もわかってもらえるように、伝えていくことにした。

6月、A実は数人の女児とままごと遊びを楽しめるようになった。担任保育者は、この楽しさの体験を大切にする一方、A実が集中して遊び込める場の確保が必要だと考え、ダンボール箱や牛乳パックを使った「つい立て」をA実と一緒につくり、A実の遊びが充実できるような環境にも配慮した。その後、ままごと遊びは仲間が増え、買い物ごっこへと発展していった。A実は遊びのなかで、自分の気持ちを少しずつ表現できるようになっていったが、自分の気持ちが友だちに受け入れてもらえないときもあり、A実なりに思いを伝えようと悩んだりトラブルになってすねたりする姿も見られた。保育者は、そのようなA実の姿を肯定的に受け止め、A実と一緒に悩み、A実の気持ちに沿うように心がけた。

11月、クラスで流行っていた忍者ごっこから発展し、みんなで忍者の絵を描くことになった。A実は「きれいに描けないから嫌」と言い、はじめから描こうとしなかった。保育室の壁面に模造紙を張って山をつくり、思い思いのところに貼ってある友だちの絵を見て「K実ちゃんの（絵）は綺麗やけど、D夫ちゃんの（絵）はおかしい」と言う。どうしてそう思うのかを聞いてみると、アニメ的でカラフルな服を着ている絵をきれいと言い、黒い服や綱（つな）にぶら下がっている忍者を表現しようと、綱に「大きな手」を描いている絵などをおかしいと思っていることがわかった。A実の話を聞いた後、A実がおかしいと言った子どもの絵がどういう思いを表現したものかを1つずつ説明した。翌日、仕上がっていなかった子どもが描きはじめたとき、A実に声をかけると、並んで描き出した。真剣に何度も描き直しながら、仕上げた作品を保育者にそっともってきた。「どこに貼ろうか」とたずねると、少し迷って「ここ」と模造紙のなかほどにある「崖」を指さした。まだ、恥ずかしそうな思いは感じられたが、「できた」という充実感が笑顔のなかに感じられた。その後、忍者ごっこは、発表会の劇活動へと発展した。

劇の背景は、みんなで描いた忍者の絵を貼った山を利用した。Ａ実もとてもうれしそうに参加していた。

　１月、戸外で、リール乗りの遊びがさかんになった。今までは、興味があっても自信のないことや新しいことには挑戦したがらなかったＡ実だが、仲良しのＦ美が夢中になってはじめたのを見て、Ａ実も「やりたい」と言い出した。最初はリールに片足を乗せることもむずかしいくらいだった。それでも何度も何度も繰り返し練習し、保育者の手にすがるようにしてやっと両足を乗せることができるようになった。１人で乗ることのできない友だちと「あそこまでいったら交代ね」と声をかけ合い、少しでも上達するとお互いに喜び合っていた。Ａ実は次第にバランスがとれるようになってきたが、一緒にはじめたＦ美はまだまだ１人でバランスをとることはむずかしいようだった。そこへ、Ｙ代が「私もやりたい」とはじめて言ってきた。リールはＹ代の分もあるが、担任保育者はＡ実とＦ美の２人を支えているため、Ｙ代を支えることができない。その様子をしばらく見ていたＡ実は「ＦちゃんとＹちゃんの手をもってあげて」と担任保育者に言った。Ａ実はどうするのだろうと様子を見ると、自分のリールをＹ代の横に並べ、Ａ実もＹ代の手を支えて立ち上がった。Ａ実は、４人のリール乗りが楽しくて仕方がないといった表情で、Ｙ代を見ながらにこにこ満足そうにしていた。

＊ 「自分」を形成しつつ、自己実現していく過程

　これまでであれば「ＦちゃんとＹちゃんの手をもってあげて」と言うときには、保育者に褒めてもらいたいという、大人を意識した思いが強かったように思いました。しかし、このときのＡ実は、友だちの姿をありのままにとらえ、自分は何ができるか、どうすればよいかをＡ実が自分自身で考えて出した結論であったように感じられました。

　Ａ実は、いっけん主体的で何でも１人ででき、問題行動もないととらえられがちな子どもでした。保護者の「うちの子は優等生だから」という言葉からも、大人の価値観のなかで、良い子になろうとする気持ちが強く、失敗を

恐れて新しいことに挑戦しようとする意欲の育ちを妨げられてきたのではないかと考えられました。また、友だちに対しても大人の価値観に当てはめ、できる、できないで判断し、異なるものは受け入れにくくなっていました。A実は他人の評価を重視するあまり、本当の「自分」を見失っていたといえます。この事例では、そのA実が他人の評価に過大な価値を置かず、自分の気持ちを素直に表現できるようになり、葛藤を繰り返しながら自己活動にも充実できるようになっていきます。保育者はA実の素直な気持ちを肯定しながら、他児の気持ちを伝えることによって、他児の気持ちと出会わせていきます。次第に、A実は保育者の支えによって、自分に価値を見出すことができるようになります。そして、他児の気持ちを感じ取り、その状況を判断し、「ゆずる」ことができるようになっていきます。

　この事例は、自己活動が充実できるようになったA実が、「自分」を形成しつつ、自己実現していく過程といえます。そして、これまで報告してきましたように、自己実現による充実感と他児との出会い後に見られる相互交渉から、他児への気づきにつながり、「思いやり」の育ちにつながっていくと考えられます。

＊　子どもに向き合い自分に価値を見出す保育を

　まず、子どもがありのままの自分を表現できているのかということを、保育者が子どもと十分に向き合い、子どもを観ることからはじまります。それには、子どもの表現が意欲にあふれているか、必要以上に保育者の評価を意識していないかを見ていくことで、判断することができます。

　また、子どもの言動のなかには、保育者が受け入れにくい気持ちを表現してくることがあります。そのときに、子どもを批判するのは簡単ですが、かならずその背景にあるその子どもなりの理由を知る努力をしてみましょう。子どもの言動にはかならず理由があります。その理由を見つけることができ

れば、子どもの言動を肯定できるはずです。

　自己実現できる子どもが育つには、子ども自身が自分に価値を見出せる力をもつことです。保育者は、特に子どもが葛藤しているときに、子どもの気持ちに寄り添い、子どもとともにいることが大切です。葛藤している自分に価値を見出せるようになるには、保育者が子どもとともにときを過ごすなかで、自分を振り返ることができるようになるからです。

> **事例 27**　　アイデアの豊かな遊びをするためにリーダーになるE男
> 　　　　　　　　　　　　　　　　　　　　　　E男　4歳児クラス
> 　E男は「サンバルカンごっこをしようよ」と仲良しのQ男、V男と一緒にホールに行く。マットに寝ころんだり、サンバルカンの身振りをする。それから3人は「タイヨーシャワー」と言って、背中を合わせて腕を組み、まわる。E男はQ男とV男に「バルパンサーはこうするんだよ」と言って身振りをして、「パンサーしか木には登れないんだよ」と言い、パンサーの形で登ってみせる。それから近くにあった猫のぬいぐるみを投げ倒したり、前に立たせて「タイヨーキックだ！」と言いながら蹴り、Q男と2人で同時に蹴り、猫を倒す。また、ある日、E男は、Q男、V男、X男に「みんな、おいで。ちょっとお話するからね」と言って自分の前に座らせ、サンバルカンについて3人に次々と質問をする。「イーグルは飛べるけれど、なんでパンサーは飛べないのか？」と言うと、X男は「え〜と、え〜と」と言って答えようとするが、E男が「パンサーは動物園から生まれたから、少ししか飛べないの」とすぐに答えを言ってしまい、みんなは答えられず、E男が言った後に3人で声を合わせてE男の答えを繰り返す。途中でQ男がV男とX男に「ウルトラマンエース、見た？」と聞き、2人が「見た、見た」と言っていると、E男は「うるさい、怒るぞ」と言い、また質問をはじめる。

*　アイデアを豊かに表現することは自己実現や他児の気持ちと出会う

　E男は、次々と遊びのアイデアを出していきます。そのために、E男の遊びは魅力的で子どもたちは引きつけられていきます。このような、自分のア

イデアを遊びに実現できることは、「自己実現」の1つです。E男は3歳児クラスのときから、遊びのアイデアが豊かでしたから、「E男、遊んで！」「E男、遊んで！」とクラスの子どもたちが寄ってくるような子どもでした。ですから、当然のように3歳児クラスではリーダーになっていました。子どもは生き生きとした遊びにひきつけられ集まりますが、特に4歳児クラスになってからは、他児の自発性も発達し、E男以外の子どももアイデアを豊かに表現できるようになってきます。すると、これまでとは違い、自分の気持ちとぶつかる他児の気持ちと出会うようになります。E男はこの時期、友だちとの遊びがぎくしゃくし、5歳児クラスでは再びリーダーとなります。このように、アイデアを豊かに表現することは、他児の気持ちとぶつかり合うチャンスにつながります。これも、「自己実現」の大切な要素です。

事例28　次々にアイデアを出しながら、遊びが充実するN子

N子　5歳児クラス

　N子は、園庭のアスレチックの上に置いてあるトランポリンにF香と2歳児のG夫と一緒に遊んでいる。片足になったり、靴を取ったり、ダンボールを乗せて「こ

こは、島だよ」と言って両足をついてよいことにしたりして、N子がルールを次々と考えながら、楽しそうに遊び、「あ～、おもしろかった」と言う。そして次には、「みんな、手伝ってくれ」と、ゴザを屋根代わりに、トランポリンの上にかける。途中G夫の靴が下に落ち、N子は「なんで、私たちが取りにいかなきゃいけないの」と言うが、すぐに「取りにいくからいいよ」とG夫に言い、下まで降りる。F香も「大丈夫？」と一緒に降りる。上に戻ってきて、今度はゴザ2枚で屋根をつくろうと3人で遊びはじめた。

＊ 遊びを充実させたい思いから自分の気持ちを調整する

　N子は、4歳児クラスで得られた保育者との関係の安定性に加えて、子ども同士の関わりで得られた自信から、多くの充実活動を体験することができるようになりました。この事例もその1つです。N子の豊かなアイデアのイメージが遊びの内容を膨らませ、他児をもひきつけながら、3人で充実した活動となっています。この事例では、4歳児の事例とは異なり、自分の気持ちを相手にぶつけて遊びを壊してしまう時期は超え、遊びのなかで、それぞれの思いを出し合いながらも自分の気持ちを調整し、遊びを充実していきたいという子どもの思いも見ることができます。

＊ 子どもの発達を理解し、子どもに寄り添った援助を

　3歳から5歳児クラスの発達をまずは理解しておく必要があります。3歳児クラスでは、自発性の発達した子どもがリーダーとなって、アイデアの豊かな遊びが展開され、子どもたちの充実した活動となります。それが、4歳児クラスになると、他の子どもの自発性も発達し、これまで、アイデアを出さなかった子どももアイデアを出し、自己実現を求めます。そして、5歳児クラスになると、子ども同士の調整のなかで、本当にアイデアの豊かな子どもを中心に遊びが展開されていきます。この発達に合わせた援助を考えます。

　4歳児クラスの時期に起こる遊びのアイデアをめぐるトラブルでは、これ

までのクラスの流れを把握したうえで、保育者はどの子どもの気持ちも真剣に受け止めていきます。この援助があってこそ、この時期に子どもは他児の気持ちと出会える体験が豊かになります。

＊　自己実現から思いやりへ

　まずは、子どもがありのままの「自分」を表現できているかを把握することが必要です。他者からの価値観に影響を受け過ぎて、自分で考えることや感じることができない所謂（いわゆる）「良い子」になってはいないかということを、子どもとの遊びや活動を通して保育者は感じ取る目をもちたいと思います。そして、毎日の保育のなかで、子ども自身の表現が見られたときに保育者の価値観で判断せず、その表現を認め、その意味を子どもの側からとらえ、子どもの存在を尊重しようとする姿勢をもつことです。また、子どものありのままの「自分」を引き出すために、子どもと1対1でゆっくり関わることも必要です。

　そして、もう1つの要素である「他児の介入」の場面では、保育者は、子ども自身が、自分に関わってくる子どもたちのさまざまな気持ちを感じ取れるように、子どもの気持ちを確認しながら、他児の気持ちを伝えていく関わりが必要です。他児の気持ちを代弁することや泣いている姿を見ながら言葉がでないときには何も言わずに一緒にいることが必要なときもあります。すなわち、保育者がいかに子どもの気持ちを感じ取れるかが問われます。

　自己実現は子ども自身の課題ではありますが、自己実現を願う保育者の援助なしには獲得がむずかしいこともあります。保育者はそのことを念頭において保育を行っていきたいと思います。そして、子どものみならず、同じ人間として、保育者自身の自己実現の育ち——意欲にあふれ、生き生きと活動していること——も洞察していただきたいと思います。そのことが子どもに与える影響は大きいからです。

11. 保育者の主体性・子どもの主体性

1章で述べましたように、「思いやり」とは人の評価を意識しない、自主的な行動です。ですから、思いやりを育むための保育では、保育者や子どもが自分を主体として行動しているかということは、大切な基盤となります。主体性は、自主性の概念の構成要素で、自分の問題を自分の課題としてとらえ、かつ、他人に影響されないで行動することを意味します。すなわち、自分の行動や感情や考えについて「自分」が実感をもって行動することです。まずは、この「実感を伴った自分の行動」を十分に体験する必要があります。主体性を実現しながら、自己欲求のコントロールをしていくことが主体性の確立と考えます。

思いやりは、「相手の立場に立って考え、相手の気持ちを汲む心」によって起こる「実感を伴った自分の行動」ですから、主体性の確立という立場で考えると、思いやりもその1つということができます。

このように、思いやりを育む保育実践を考えたとき、子どものみならず、保育者自身の主体性も問われなければなりません。

ここでは、子どもの主体性の育ちについての事例と、保育者の主体性を考えるために、保育日誌をもとにしたクラス便りや記録から事例を紹介して、「主体性」について考えます。

事例 29　　年少児との関わりで主体性が育ったK太

K太　4歳児クラス

K太は、おとなしく自己主張も少なく、保育士が話しかけると、もじもじしながら話し、いつも担当保育士から離れなかった。遊びでは、保育士から声をかけて一緒に他の子どもたちのなかに入っていかないと、なかなか入ることができな

かった。入ったとしても、保育士がそっとその場から抜けると、K太も抜けて保育士のところに戻っていた。担任以外の保育士に話しかけられると、担任のうしろに隠れて口を閉ざしてしまうことが多かった。このようなK太に、もっと心を開いて園での生活を楽しんでもらいたいと思い、保育士はいつもそばにいるという安心感がもてるようにするとともに、保育士と一緒に積極的に友だちの遊びのなかへ入っていき、友だちと遊ぶ楽しさを味わえるよう心がけてきた。次第に、一緒に遊ぶ友だちができ、遊びや友だちとの関わりを楽しむ場面も見られるようになってきた。

　ある日、K太は登園して身のまわりの整理が終わると、「今日、先生と遊んでやる」と言いながら、そばにやってきた。そこへ、同年齢のA男が「今日も明日も明後日も遊んでやる」と言ってきた。A男は言葉遊びが好きなので、K太の言葉を聞いて続けたのだろうと思う。その一言をきっかけに、K太とA男は仲良しになっていった。特定の友だちを得たK太は、担任のそばを次第に離れ、子ども同士の関わりを多くもつようになった。特に、自分より小さい子どもに積極的に関わる姿がよく見られた。

　あるとき、3歳女児C美が使ったクレパスを片づけていないことに気づいた。K太が「Cちゃん出しっぱなし。片づけてやる」と言って片づけようとしたとき、「まだする」と言ってちょうどC美が戻ってきた。そして、C美は続けてクレパスを使った後、自分で片づけをした。片づけ終わったC美に、K太が「一緒に遊ぼう」と誘いかけた。2人の様子を見ていると、K太は先生か兄のような態度で接している。遊び終わると、「じゃあ、片づけようか」と言って、K太はブロック、C美はじゅうたんをそれぞれ片づけた。そして、C美に向かって「C美ちゃん、上手にじゅうたん巻けたね」と言った。C美はにっこり笑顔で応えた。

＊　主体的な自分を十分に体験する

　K太は、5人兄弟の末っ子で大人や年上の子どもから特別大事に育てられました。そのため、過保護や過干渉のなかで、自主性が順調に育たず、園でも保育士を母親代わりのように思い、大人のそばからなかなか離れることができませんでした。

まずは、K太が保育士と一緒でなくても安心して園で生活ができ、日々の保育のなかで「自分の考えや思い」をしっかり育ててもらいたいと考えました。保育士もK太と一緒に同年齢の子どもたちと遊び、次第に友だちと遊ぶ楽しさが実感できるように心がけました。そのなかで、同年齢の子どもたちと自然に遊べるようになり、言葉遊びを契機として、同年齢の友だちと遊ぶ安心感を得ることができました。その安心感を基盤として、同年齢や年下の子どもに積極的に関わる意欲が生まれたと考えられます。しかし、同年齢のなかでは、自我の強い子どもに主張されると、自分の意見を引いてしまうことも少なくありませんでした。K太の主体性の育ちは、保育士や同年齢の子ども環境のなかで徐々に育まれたからです。そのようなときに、自分より年下の子どもと遊ぶことで、年上としての気持ちが芽生えはじめ、自分の新しい面に気づき、主体的な自分を十分に体験することができるようになりました。その主体的なK太には、思いやりのある姿を見ることもできるようになりました。このような姿は、K太が大人や年上の子どもから受けていた思いやり豊かな体験がK太の心のなかで育まれていたからだと思われます。

＊　子どもの「自分の考え」や「自分の思い」を肯定的に受け止める

　主体性の育ちが見られない子どもには、保育士が子どもの「自分の考え」や「自分の思い」を肯定的に受け止めることが一番大切です。どのような考えや思いであっても、まずは子どもの立場に立って肯定します。子どもの考えや思いにはかならず理由があるからです。次に、その理由と真剣に向き合うことが必要になります。それは、信頼関係にある人が真剣に子どもに向き合えば、自分にリスクのあることであっても、主体的に相手の立場に立って考えられる安心感がもてるからです。

　「年下の子どもと遊ぶ子ども」の評価は、「同年齢の子どもと遊べないから」という否定的な見方をされることが多いと思います。確かに、年下の子ども

環境のほうが同年齢の子ども環境よりも主体的に行動しやすいのです。そして、その環境で主体的な自分を十分に体験することにより、自信のある主体性が育まれていきます。ですから、決して否定的な評価をするのではなく、次への成長の準備段階としてとらえることも必要です。

事例30　保育者の主体的な保育から他児を受け入れるようになったN子

N子　4歳児クラス

　4歳児クラスの5月。保育者が1人1人の子どもの特徴を考え、1人1人に願いをもって、という小グループを組んだ。N子は穏やかでのんびりしたF夫と「きょうだい」になった。「きょうだい」ができることを喜んでいたN子だが、相手が「F夫」と知り、とても嫌がった。目的意識をもってテキパキと行動したいN子にとってF夫のペースはイライラすることが多いからである。食事のテーブル出しも、毎回のように揉め、ほとんどはF夫が涙を流し、N子が怒る日々であった。

> **N子とF夫　きょうだいウオッチング——クラス便りから**
> 　まったく正反対の2人のもち味。だからこそあえて2人を「きょうだい」にしたのですが……。N子にはF夫のゆったり、のんびりムードに触れてほしい、待ってあげてほしいという思い。また、F夫には、N子のもつ賢さから大いに刺激を受けてほしいと思いました。感情の出し方も正反対の2人です。ストレートに戸惑いをぶつけ、「きょうだいはいやだ！」というN子。そういった思いを感じているのだろうと思うけれど、まったく出さずにいるF夫。
> 　N子はそんな思いをF夫にもストレートにぶつけていきます。その口調は激しくかなりきついです。けれども、F夫に伝わっていかず、N子はそんなもどかしさに葛藤しています。F夫は人を否定するということ

がないので、N子にいくら怒られてもありのままのN子を素直に受け入れられるようで、「きょうだい最高！」なんて言うほどです。花の種まきのときも、N子はまきたい気持ちもあるし、まかないと花も咲かないことは十分わかっています。でも、F夫を誘ってやるのは……とずっと悩んでいました。でも、今、双葉から本葉が出てきたN子とF夫の「ヨウジロアサガオ」の3つの芽の前で、N子は3つをわけることなく、「3つともN子とF夫のヨウジロアサガオだよ」と（4つ種はまいたのですが、芽は3つだけ出ました）話しています。

　N子は、自分の気持ちに素直な分、さまざまな葛藤を味わいます。でもその分、彼女は心を動かし、大きくなっているのがわかります（投げ出さず、向き合えるようになったところに成長を感じます）。このころはF夫という人を少しずつ知りはじめたようで、手をつなぎウコッケイ小屋の掃除に向かう姿も見かけます。そういったN子の心の動きもきっとF夫に伝わっていると思います。

　どちらかというと、N子のように気持ちをストレートに出してくる人よりは、だんだん出せていく人が多いように感じる〇〇クラスのみなさん、きっと、これからの日々のなかで、この「きょうだい」でも、いろんな場面で自分の気持ち、相手の気持ちに出会うと思います。出会ってほしいと思います。そのなかで悩んだり、うれしかったりと、たくさんの気持ちを味わい、自分を感じ、相手も感じていってほしいです。

　10月の運動会。N子は徒競走が1位になりたいという気持ちで取り組むが、どうしても1位になれずにいる日々が続き、ずっと葛藤していた。それでも早く走るコツを頭に入れ、必死で走る姿が見られた。チームでの競技も大きな気持ちで応援し、F夫のことも認められるようになっていった。

（社会福祉法人 共に生きる会 川和保育園）

* 揺るがない保育者の価値観を主体的に保育活動として展開していく

　この事例は、保育者が主体的に子どもの育ちに願いをもって行った保育実践です。子どもの主体性を尊重することは、大切なことです。しかし、この事例のように「たくさん自分の気持ちを感じ、相手のさまざまな気持ちをも感じ取れる人間に育ってほしい」という保育者の一貫した願いがあるからこそ、子どもたちも葛藤にきちんと向き合い、乗り越えることができています。このような、揺るがない保育者の価値観を主体的に保育活動として展開していくことが、子ども自身が自分の主体性を認め、相手の主体性も認められる育ちへとつながっていくと考えています。

事例31　ヤギの名前を決める活動における保育者の思い

5歳児クラス

　今日は待ちに待ったやぎの名前決めである。昨日、プロジェクトチームのみんなが出し合った名前を話し合って5つに絞ってくれた。プロジェクトチームには20人くらいの子どもが集まった。最終の話し合いは、全員で行いたい。なぜ、今回、プロジェクトチームを募り、絞るところまでやってもらう方向にしたかというと、前回の動物当番を決める話し合いのときに、「自分のクラスのこと、自分たちのこと」として受け止められずにいる子どもたちの多さを感じた。これからの積み重ねや経験で変わっていくだろうとも考えたが、集中力や今の彼らの姿を考え、最終決定は全員で考えたいが、絞り込むまでは、代表の子どもにやってもらってもいいのではないか、と考えたからである。1人1人がやぎへの思いや気持ちをそのときに十分注げるようにと意図した。1人1人のもつ力や心は違うことも考え、決定の場では1人1人にやぎへの思いを集中させてもらい、考えてもらいたいと思ったのである。

　そのプロジェクトが絞ってくれた名前は、「るる」「めるにー」「はるか」「めえこ」「なつ」の5つであった。このことは前日に子どもたちに伝えた。礼拝の後にやぎの名前決めの時間をもった。「さあ、待ちに待ったやぎの名前を決めたいと思います」の言葉で、子どもたちのちょっぴりざわついていた姿や心がぴたっとや

み、目や心の輝きがいっせいに私のところに届いてきた。その姿に、待ちに待っていたやぎへの熱い思いを感じずにはいられなかった。「プロジェクトの人たちが５つに絞ってくれた名前のなかから、今度はみんなの心でやぎにあったすてきな名前を決めようね。みんなとこれから過ごしていくやぎ、ここにいるみんなだけでなく、保育園みんなのやぎの名前を決めるんだよね。とても責任のある大切なことなんだよ。これからずーっと呼ばれていく名前、やぎにあった名前を決めてあげようね。まず、今、出ている５つの名前を、やぎを心に思い浮かべて呼んでみよう」そして、みんなで心を落ち着けて、１つ１つ呼んでみる。「るる……」「めるにー……」「はるか……」「めえこ……」「なつ……」声はばらばらであったが、子どもたちは確かに心にやぎを感じ、呼びかけていた。

　そこで、自分たちがやぎに一番あっていると思うものに手をあげてもらった。私はその１つ１つの小さな手に心を感じ、重さを感じ温かさを感じていった。その手から痛いほどの思いを感じていた。結果は「るる……７人」「めるにー……９人」「はるか……19人」「めえこ……３人」「なつ……16人」であった。１人足りない。それは、Ｇ男であった。保育者「Ｇ男はどれがやぎに合うと思う？　Ｇ男の意見が、１人１人の意見が大切なんだよ」。Ｇ男「だって、迷っちゃう。決められないよ」。保育者「う～ん、その心はよくわかる。大切なことを決めているんだもんね。簡単には決められない。その心もわかるけど、Ｇ男の意見、１人の意見は大切で重たい。そのことをＧ男にも感じてもらいたい。そして、１つに決めてほしい」。少し時間をあげ、もう一度考えてもらう。そして、再度手をあげてもらう。結果、「るる……７人」「めるにー……９人」「はるか……20人」「めえこ……３人」「なつ……15人」であった。やっぱり１人足りない。Ｇ男は手をあげるタイミングを逃してしまったのか、１つに決める重さや怖さを感じているのか、Ｇ男にも自分の心で考え、決断する心、勇気をもってほしい。こういうとき、彼はよく人に任せてしまうところがある。もっと自分の心に向き合い、決断する力をもってほしい。「大切なやぎの名前決め。クラス１人１人の意見が大切なんだよね。Ｇ男の思いを込めた手が大切なんだよ。みんなも迷いながら、１つの名前を、合う名前を決めているんだよ。Ｇ男も迷っていいから１つに決めよう。その心が大切なんだから、ね」それでも決められない。そばに行き、もう一度心

にやぎを思い浮かべ、名前を呼びかけるように伝える。その間に「G男の意見が加わったら、みんなのいいと思う名前が決まるね。さて、ここからどうやって決めようか？」P男「人数の多いのに決める」。保育者「それを多数決って言うんだけれど、他にはない？」「……」「人数の多いのに決めるやり方でいいのかな？それは嫌だ、反対だと思う人はいる？」。さっと手があがったのは、L男とO男。その２人の手がとても立派で重さを感じ、そして、自分の意見としてこういう場面で手をあげた２人の意志や勇気に私は感動した。「どうして、嫌なの？」。L男は「……」いろいろ思いがめぐり葛藤しているような顔をしていた。「O男は？」「めえこがいいから……」いいぞ、O男。立派だった。彼の最近の心の成長はすごい。どちらかというと、人に流されたり、人に任せたりするところのあった彼が、自分の意見を、それも反対意見を言うということは、本当に自分の意志をもっている彼だからこそなのだ。彼のこの成長にすばらしさを感じた。気を許すと涙があふれてきそう。この成長は「L男」という仲間に出会えたことが大きいと思う。彼らは刺激し合い、成長し合っている。響き合う２人の関係、深い関係が何より成長につながっていると感じた。「そうだよね。このままいくと、めえこという名前には決まらなくなるよね。どうしてめえこがいいのか、みんなに説明して説得してみようか？」。L男「めえめえ、よくなくから」。O男「……」。保育者「そうだよね、L男が考えてきたんだよね。よくめえめえないているもんね。L男は家でずっと考えてきたんだもんね。う～ん、それでは、L男がどうしてもという思いを考え、今、多い『はるか』『なつ』『めえこ』の３つで、また手をあげることにしてはどう？それで、もし他の名前になってもいい？」L男とO男「うん」と大きくうなずく。（今、考えるとこの言葉はなんて、浅はかな軽い言葉だったのだろうと恥ずかしい。この時点ですでに上からものを言い、L男の意見や思いをつぶそうとどこかに考えていた自分がいたのだと思う。いとも簡単にそうしてしまおうとしていたのではないか。L男の深い思い、O男の思い。私は感じていなかったのだ。そして、この２人だけではなく、このとき、きっといろんな思いをしていた他の子どももいたに違いない。くやしい。くやしくて情けない。１人１人の心が大切だと言いながら……。大切にしていたつもりになっていた自分が恥ずかしい。）

いよいよ３つのなかから手をあげてもらうことにした。もう一度名前を呼びかけ、自分の心で考えるよう、G男も心を決め、手を上げるよう伝えて。結果「はるか……20人」「なつ……23人」「めえこ……11人」。また、１人足りない。結果が出たとき、私とL男の目があった。目で会話していた。L男の目はくやしさと仕方なさの葛藤に見えた。「L男、ちょっと少なかったね。なつとはるかから、決めてもいいかな」。L男、こくんとうなづく。と同時にぼろぼろと涙が切なそうに流れてきた。L男の涙が胸に突き刺さり、私は言葉を見失っていた。その涙に私はくやしさと切り換えようとするL男の思いを見たように感じた。そのときにその涙を「くすっ」と笑った子ども、我関せずでいた数人の子ども。「みんなにはL男の思いが伝わらないの？　L男は家でやぎのことを思い、やぎの名前を真剣に考えてきたんだよ。それほどにやぎのことを大切に思っているんだよ。立

派だよ、L男は。くやしいんだもん、泣いたっていいんだよ。ここまでL男が考えていた心をみんなも感じてほしい。L男いいんだよ、L男は立派だよ。ありがとう。やぎにもその心が伝わるからね」。そして、「はるか」「なつ」、最後の手をあげるときがきた。「G男、これが最後なんだよ。本当に1人1人の意見が大切なの。G男の意見によって変わることもあるかもしれないんだよ。G男もこの名前決めに参加している大切な1人なんだから。次はちゃんと手をあげようね」結果、「はるか……21人」「なつ……35人」G男の手もようやくあがった。L男の手が勢いよく「なつ」にあがった。ここでまた、彼のすごさを見た気持ちだった。彼は切り換え、もう一度心でやぎの名前を考えたことを感じた手であった。そして、みんなでやぎに報告。みんな勢いよく部屋から飛び出して行った。子どもたちの顔は満面の満足顔、1人1人がやぎに呼びかけているその顔は、輝いていた。

＊L男の母親より

　土曜日の懇談会でやぎの名前決めのお話を聞き、3日間も頭のなかはやぎの名前でいっぱいだったL男の思いを大切に受け止めてくださった先生やお友だちに感謝します。やぎの名前決めプロジェクトチームに入ったときから、もう毎日やぎの話ばかりして、眠れない日もあれば、送迎の車のなかでずーっと「やぎのるる、やぎのめえこ、やぎの○○」ぶつぶつ……言っていたL男。「なつ」に決まった日の夜、「僕はくやしかった。でもしょうがない。これからは『なつ』って呼ぶんだ」「ぼくが泣いたらみんなが笑った。O男とD美は『めえこ』がいいって言ったけど、みんな笑った。でも、先生はいいんだよって、泣いても一生懸命考えたからいいんだよっていった」こんなにいろいろな思いに熱くなったり、泣いたり、自分の思いを受け止めてもらったとうれしくなったり。名前でこんなにいろいろな思いができたこと、よかったね、L男。いい経験をしたね。そして、私は、保育園にあるすべての生き物、植物、遊具、部屋の本の1つ1つが本当に熱い思いで存在しているんだということを改めて感じさせてもらいました。

* **主体的に自分の保育を振り返ることでの「迷い」の大切さ**

　この事例は、担任保育者のクラス便りにした保育日誌の概要と母親からの手紙の引用です。保育者が一貫した子どもへの願いをもとに保育実践をしているところは事例30と同様です。この事例の保育者は、子どもに真剣に向き合いながら、自分の保育を振り返り、この対応は子どもにとって本当によかったのかと迷い、自分の気持ちに気づき恥ずかしくなり、くやしくも情けない思いにもなっています。この保育者の迷いの背景には、真剣に保育を、子どもの育ちを考えている主体的な自分があります。これはまさしく「実感を伴った自分の行動」を十分に体験しているといえます。自分の行動を自分が責任をもっているという実感があるからこそ迷うのです。この迷いのなかで、さらに主体性が育まれます。

　また、母親の手紙からは、子どもの育ちを一緒になって喜ぶ母親の気持ちがよく表現されています。この思いは子どもへの思いやりでもあります。

　保育実践には、保育者の人間観が大きく影響します。その人間観のなかに、主体性の育ちを願う思いがなければ、子どもの主体性も育ちません。この事例において、子どもの主体性が育つ場面に注目したいと思います。

* **自分の保育と自分自身を振り返り、主体的な保育実践を**

　保育者自身が、自分の保育日誌や記録から、他人に影響を受けながら保育を行っていないか、自分できちんと実感を伴って保育実践をしているのかという点について、自分の保育実践を振り返ってみましょう。

　そして、子どもの立場や気持ちを本当に考えながら保育を行っているのかを、自分の気持ちと照合してみます。迷いがあったときに自分の気持ちを優先させていることに気づいて恥ずかしくなるとすれば、それが主体的な保育実践につながります。それが、実感を伴った自分の行動です。

　保育者の人間観は保育者自身の生育歴にあります。「主体的」に育ってき

ているでしょうか。今の自分の生活はどうでしょうか。こういうことも、実は大きな影響力をもっているのです。

　この保育園は、5歳児クラス56人が1クラスです。このクラスを4人の保育者が担当しています。園長は、2クラスにわけたらということを提案したそうですが、担当保育者から、1クラスでやりたいという答えが返ってきたそうです。保育者の主体性は、保育者を信頼して任せられる園長によって実現されることも、付加しておきます。

＊　保育者の主体性・子どもの主体性と思いやり

　保育の実践を通して、子どもと保育者の「主体性」について考えてきました。主体性は最初に述べましたように、自分の問題を自分の課題としてとらえ、かつ、他人に影響されないで行動することを意味します。すなわち、自分の行動や感情や考えについて「自分がしている」という実感をもって行動することです。まずは、この「実感を伴った自分の行動」を十分に体験する必要があります。そして、主体性を実現しながら、自己欲求のコントロールをしていくことが主体性の確立であり、思いやりにつながると考えます。

　「主体性」という言葉は、新しい言葉ではありません。保育においては常に大切なテーマとして追求されてきました。しかし、残念ながら、本当に、主体性が確立している子どもや保育者は少ないように感じます。他人の評価を意識した思いやり行動は、本当の思いやりではありません。他人の評価を意識させる文化背景をもつ日本においては、他人に影響されないで行動するとか自分の内面にきちんと向き合うことは不得手なのかもしれません。本当に自分がきちんと実感を伴って「相手の立場に立って考え、相手の気持ちを汲む心」＝「思いやり」が育つ保育を考えたとき、その前提となる「主体性」の育ちを、まず、支えていくことが求められます。

今後の課題

I　保育の現場から

　幼稚園・保育所では学校教育の一環として、1人1人の子どもに小学校以降の生活や学習の基盤になる「生きる力」を育成するという考えに立っています。私たちは子どもの思いやりの姿を追い、その発達過程や構成要素を明らかにしながら、そのことを可能にする保育実践を追求してきました。また、保育者は子どもの思いやりの発達過程を探るなかで想定した構成要素を、保育実践の場でていねいに見ていくことが、子どもの思いやりの気持ちを育てる可能性を探ることになることや、保育者として子どもをありのままに受け止めることや葛藤を共にするとはどういうことなのかを追求してきました。それらの追求は実践の場のなかで継続しなければならない課題になると思います。

1．家庭環境が変わってきている

　核家族化・少子化のなかで、親の関わり方が両極端になってきています。親が子どもに対して過剰な関わりを求めている場合、子どもは親の期待に応えようとして自分から感情を表に出すことを避け、大人やまわりの反応を見てそれに添う行動をするということを身につけて入園してきます。このような子どもに対して保育者は、大人は自分がしたいことを支えてくれる存在だということを伝え、安心して自分を出せるようにしていきます。

逆にまったくといっていいほど放任している親の場合は、子どもは自分の気持ちを表現することはできますが、それをコントロールすることができません。このような子どもに対して保育者は、まわりの子どもにも思いがあることや、自分の気持ちを抑制するとはどういうことなのかを伝えていきます。人として育っていくことは、自己を発揮することと抑制することのバランスをどう育てていくかが大切だと思います。それは思いやりの気持ちを育てる基本でもあります。
　また、大人と子どもの区別があいまいになっています。
　かつては大人が生活者で子どもは学習者でした。大人は子どもにまわりの人との関わり方や、料理や洗濯をするなかで、ものの扱い方やものを生かしていくすべを普通の生活のなかで伝えていました。しかし生活が便利になった現代の生活のなかでは伝わっていくものは少なく、大人と子どもの関係はくずれています。さらに大人は言葉で伝えることが多くなり、養育者も保育者も言葉で子どもを動かしてしまっているようです。
　つまり普通の子育てや、親が親として育つことがむずかしくなってきている現状のなかで、子どもたちは本来家庭生活のなかで身につけてくるべきものがゆがんだ形でついてくることもめずらしくありません。保育現場ではそのような現状をしっかりととらえ、子どもと共に親の育ちを見ていくことが求められていくと思います。

2．保育現場での子どもの学びは小学校の学びとは違う

　たとえば、保育者が自分の思いだけを主張し友だちの思いを汲み取れないことが多い子どもに対して、まわりの人にも同じような思いがあることを知らせたい場合に、保育者は子どもとの生活のなかで信頼関係を確認しながら、自分の援助が子どもにどう伝わったかを探り、試行錯誤しながら繰り返し伝

えていきます。それは子どもの場合、1つの課題を身につけていくことが、その子どもの全体的な育ちを支えることになるからです。一方、小学校では年間カリキュラムのなかの「他者の思いを理解する」という授業のなかで教師が伝えていくのですが、そこには個別の子どもの事情は汲み取られません。つまり保育現場では実体験をもとにした学びを大事にしています。思いやりの気持ちを育てることは理屈ではなく、身体を通して学んでいくものです。

3．もう一度原点に戻って当たり前の生活のなかで

　生活とは、お互いの営みのなかでつくっていくものですから、大人は子どもを一方的に言葉で動かすのではなく、常に子どもとやりとりをしていくことが求められます。やりとりをしていくことで相手のことがわかったり、自分の気持ちがおさまり気持ちを切り替え、自分から一歩踏み出せることもあります。また、保育者も子どもと生活していくなかで子どもから多くのことを気づかされます。そして、この気づきを子どもに返しながら子どもと共に生活しています。生活するとはどういうことか考えていきたいと思います。

　今回、思いやりの構成要素のなかの"相手と気持ちを共有する"という項目の実践事例の検討が加わりました。それはうれしい、楽しい気持ちばかりではなく、悲しい、さびしい、悔しい気持ち、あるいはその場のかもしだす雰囲気などを一緒に感じ取り、共に感じ合うことです。自然にふれる機会が少なくなっている今日、保育のなかに自然を取り込んでいくことも必要になってきます。この共有体験が人への信頼感や共生感につながるのではないかと思います。また、人を人として尊重していくことは言葉ではなく保育者自身の振る舞いだったということを気づかされることもよくあります。大人と子どもの境界がなくなってきている社会のなかで1人の大人として子どもと一緒にあることの意味を考えていきたいと思っています。

Ⅱ　臨床の現場から

1．思いやりの構成要素を踏まえた保育実践を追求する

　子どもの思いやりの精神構造を明確にするための研究を行い、すでに1冊にまとめました。その後、子どもの思いやりが育つ保育に焦点を当てて研究を行ってきました。それが本書です。しかし、これまでの研究から得られた思いやりの各要素について、まだすべてが検討できたわけではありません。まずは、現在までに明らかにしました思いやりのすべての構成要素について、保育という面から追求していきたいと考えています。また、1章の表1 (p. 18)の子どもの「思いやり観察項目」の「その他」は身体にハンディのある子どもや年下の子ども、動植物等への心づかいや援助を1つにまとめた項目です。この項目は1つ1つが自分より弱い立場にいる相手に対して、どのように心が動かされるかということですが、十分に検討されていません。この項目についても保育実践のなかから、思いやりの育ちとの関連を追及したいと思います。

2．現代の子どもの育ちを把握し、思いやりを育む視点を深める

　私たちが思いやり研究をはじめた時代とは異なり、現代の子どもたちにはさまざまな気になる問題が見られます。「抱っこを嫌がる子ども」「相手の気持ちがわからない子ども」「自分の気持ちだけを主張する子ども」「自分の気持ちを表現しない子ども」「コミュニケーションがとりにくい子ども」「何度言っても理解できずに好ましくない行動を何回も繰り返す子ども」「衝動的な子ども」……等です。現在は、思いやりの豊かな子どもに育ってほしいとの願いとは反対の方向に子どもたちの状態があるように思います。

　私たちの思いやり研究のはじめのころは、思いやりを明確にするために、観察対象「思いやりの豊かな子ども」を中心に行ってきました。その当時も

「思いやりのない（あるいは乏しい）子ども」と比較研究をしていこうという案もありましたが、私たちには、子どもをそのような範疇でとらえ、観察していく気持ちにはなれませんでした。

　しかし、最近の子どもの状態を考えますと、「なぜ、思いやりのない子どもなのか」ということを追求する必要性を痛感しています。

　思いやりの基盤である「情緒の安定」につながるスキンシップを受け入れない「抱っこを嫌がる子ども」が、親から愛されていないとするならば、保育者が子どもに真剣に愛情をもって接していくことで「情緒の安定」が得られるかもしれません。

　保育園の0歳児クラスで出会った「抱っこやおんぶを嫌がる乳児」の母親は、送り迎えのときに「うちの子、とってもかわいい、大好き！」と言います。観察しているうちにわかってきたことは、子どもを頭の良い子どもにしようと願って、「前向き抱っこ」バンドに前向きに（すなわち母親と同方向に）抱っこをしていたことがわかりました。乳児が受け入れることのできる刺激の許容範囲以上の刺激にさらされる危険性に、母親は気づいていませんでした。脳は刺激を受けると、その刺激を取り込みながら、環境に適応しようとします。しかし、過度の刺激にさらされると興奮したり、不安になったり、上手に適応することができなくなります。しかも不安になったときに守ってくれるはずの母親を見ることもできないのです。このことは象徴的なことであり、子どもを愛していながらも、子どもの気持ちや発達を考えず、親中心の世話をした結果であることが推察されます。この乳児は、抱っこやおんぶをしているとき、少しでも接する面積を少なくしようとでもするように、できるだけ保育者から体をそらして放そうとするばかりではなく、無表情で、悲しいときや困ったときにも保育者を信頼して頼ろうとする行動は見られませんでした。しかし、0歳児クラスの保育者たちが2週間、この乳児に気持ちをやりながら保育を行うことで、表情はやわらかくなり、保育者に甘える姿が見られるようになりました。

また、幼稚園5歳児クラスの1人の男児は、幼稚園入園1年目は少し会話を交わしたものの、4歳児クラスから5歳児クラスにかけて、一言も話をしなくなりました。家庭ではそれほど多弁ではありませんが、必要なことは話しているとのことですから、場面緘黙と考えられました。その幼稚園の5歳児クラスは少人数であり、おとなしい子どもばかりだったため、「おとなしい子ども」としてクラスの子どももこの男児を受け入れていました。子ども同士の遊び（おもに追いかけっこ）には進んで参加をし、プールではただ立ったままみんなから水をかけられることをにこにこと楽しみ、いつも一番最後までプールに入っていました。母と父の日に描いた両親の顔の絵は、未熟ではあるものの、画面いっぱいに表情豊かな母親と父親が描かれていました。年長の給食当番も他児よりもきちんと把握していて、話さないものの指摘される前に率先して前に立っていました。この男児が、母親から愛されていることを十分に感じていることは、その表情から伝わります。しかし、園では話をしないとまるで自分で決めてしまったようです。一言も話さないということや聞いても返事もしないし、何も表現しないということを除けば、十分に園生活を楽しんでいるように思えました。年長の2学期、担任の保育者は男児に話をさせようとの意図をもって関わることはやめ、幼稚園で十分楽しめることをこの男児の目標にしました。その結果、3学期には担任の背中に乗り、逆さになって顔から滑り降りたり、小さな声で顔と顔を近づけて「……バ、カ」といって担任をからかうようになりました。
　男児の家庭は、父親が家族のことにあまり関わらないので、母親が父親の分も含めてがんばらなければと強く思い、子どもをかわいがる一方、乳児期から男児のすべての世話をし（過保護）、勉強も早くから教えていました。ひらがなも数字も書くことはできますが、ありのままの素直な気持ちや行動を表現することはできません。すなわち「自己受容」ができていないために、自己主張する体験もなく、他児の気持ちと出会うこともできませんでした。これから、幼稚園での楽しかった思いや体験を基盤に小学校生活で少しずつ自己受容できるようになると期待しています。

「衝動的で乱暴な子ども」といわれた年長男児の例をあげます。少しぶつかっても怒って相手を叩き、ホールで大型積み木を他児に投げつけたり、園庭で石を拾って他児の顔めがけて投げたりと、他児にけがをさせることが多く、止める隙のないときもあり、保護者からの苦情も多く、担任はいつも精神的に疲れていました。でも、乱暴な行動をした直後には何を話してもわかりませんが、少し時間が経つと、なぜしたのかという理由と、自分が悪かったということはわかります。それで「次は気をつけようね」と本人もそのつもりになっても、いざ次のときには元の木阿弥です。この男児は小学校にあがり、ADHD（注意欠陥多動性障害）の疑いがあると言われました。しかし、送り迎えのときに明確なことは、母親が男児よりも明らかに3歳年下の妹をかわいがっているということです。それがとても気になりました。

　今、あげた子どもたちはほんの一例です。このような子どもたちが保育現場にはたくさんいます。思いやりの発達を追求していて気づいたことは、「思いやり」というのは人間が成熟した姿であるということです。私たちの恩師の平井信義は「思いやりは、究極的には愛に通じる」とよく話されていました。「思いやり」の発達の構成要素は、思いやりの発達だけではない、生き生きと人生を歩んでいくための要素であると思います。

　現代の子どもたちは、これまで通用してきたような単純な理論だけでは、子どもの状態を把握することがむずかしくなっています。虐待が急増し、少子化が進み、社会経済的なストレスを抱え、精神疾患が増えている日本社会では、子どもが育つ過程には、複雑に屈折した問題が起きてきます。これからは、家族を含め、複雑に絡み合った紐をていねいにほぐすように、その1つ1つを思いやりをもって、子どもとともに整理していくことが求められていると思います。

　現代の子どもが抱えているさまざまな問題を、思いやりの発達の理論を土台として整理し、子どもの人格の育ちを支援していく保育実践を追求することを願っています。

文献一覧

※本文中に記載の引用・参考文献は、ここでは省略。

○N. アイゼンバーグ・P. マッセン著、菊池章夫訳『思いやりの発達心理』金子書房、1980年
○N. アイゼンバーグ・P. マッセン著、菊池章夫訳『思いやり行動の発達心理』金子書房、1991年
○大澤清二『生活科学のための多変量解析』家政教育社、1992年
○太田信夫編『エピソード記憶論』誠信書房、1988年
○岡田正章・千羽喜代子他共編『現代保育用語辞典』フレーベル館、1997年
○清水真砂子『子どもの本とは何か』かわさき市民アカデミー出版部、2003年
○周郷博『母ありてこそ』国土社、1963年
○主婦の友生活シリーズ「1歳からの脳と心を育てる本」主婦の友社、2004年
○千羽喜代子「幼児の思いやり行動の発達過程」(課題番号03680079) 平成5年科学研究費補助金（一般C）研究成果報告書
　・長山篤子、千羽喜代子、平井信義「幼児の思いやり行動項目設定における妥当性調査 ── 思いやりの精神構造の追求と行動項目の精選 ── (p. 29〜61)
　・千羽喜代子、大澤清二、長山篤子「幼児の思いやり行動と親の思いやり行動との関係」(p. 65〜85)
○千羽喜代子「幼児の思いやり行動の発達過程 ── 思いやりの発達の基盤として ── 」(課題番号07680039) 平成9年度科学研究費補助金基盤C（2）研究成果報告書
　・千羽喜代子、帆足暁子「事例からみた幼児の思いやりの発達過程」
　　2歳児クラス、3歳児クラスにおいて (p. 15〜30)、4歳児クラスにおいて (p. 31〜48)
○續有恒・苧阪良二編『心理学研究法10＜観察＞』東京大学出版会、1974年
○津守真『自我のめばえ』── 2〜3歳児を育てる ── 岩波書店、1984年
○津守真編『乳幼児精神発達診断法』大日本図書、1965年
○日本道徳性心理学研究会編著『道徳性心理学』北大路書房、1992年
○畠瀬稔『人間関係論』岩崎芸術出版社、1989年
○平井信義・帆足英一編『思いやりが育つ保育』新曜社、1999年
○「保育所保育指針」フレーベル館、1999年
○丸野俊一/子安増生編『子どもが「こころ」に気づくとき』ミネルヴァ書房、1998年
○文部科学省著『幼稚園における道徳性の芽生えを培うための事例集』ひかりのくに、2001年

おわりに ――「大きくなっていく」子どもたちの未来を見つめつつ――

　この度、「思いやりが育つ保育実践」を、保育者に向けて発信することになり、これまで続けてきました「思いやり研究会」の女性のメンバーが奮起することになりました。実際に執筆に取りかかることになりますと、保育の現場で、臨床の現場で、養成の現場で年を重ねてきたメンバーですが、この大きな課題の挑戦に戸惑いを覚え、現実にこなさなければならない重たい仕事とのバランスに、ややもするとしり込みをしてしまいたくなる心境に葛藤を覚える毎日でした。しかし、子どもたちの未来を見つめて、「大きくなっていく」子どもたちに、今、"このとき"にどのような経験を保障することが必要であるかを問われている保育現場に、何かを発信しなければならないという使命感も強く感じていました。そのような葛藤のなか、「思いやり研究会」の最初からのメンバーで、平井信義先生と共に研究会の指導を担ってくださった千羽喜代子先生の真摯な指導力と励ましを得て、私も老骨に鞭打ち、現場で今 1 番忙しく活躍している執筆者の若いお 2 人も思いを新たにされ、この仕事に挑戦することになりました。人が人として、その生の尊厳が守られることは、子どもも大人ももっとも大切にされなければならないことです。そのことを、保障するために「思いやり」が、深く私たちの心に根づかなければなりません。私たちの「思いやり研究会」が発足して 10 年が経過したころ、朝日新聞の論壇に犬養道子氏が、「人権思想の基礎にあるもの」として次のような論説を述べられました。その一部を以下に引用させていただきます。

　「いかに人間が自己・利己にとじこもりたい傾向を持つ弱く愚かな存在であろうとも、"自分にとって痛くつらく悲しいことは、他人にとっても痛く

つらく悲しい""いま、自分がされたくないことは他人もまた、されたくない"という素朴かつ古今東西どこにもあてはまる普遍の真理は、イデオロギーによって毒されぬ限り、各自の中にものごころつくころすでに秘められ育つ日を待っているのである。一般庶民が思いやりと名づけるこの心的態度こそは、人権思想の基礎であって、それをいかに育てて開花させ、少しでも広くつよく全世界の各国各民の間に根づかせていくかは、最初にまた最終的に、家庭教育、幼児教育にかかる。目に一丁の文字のないところでも、思いやりの心の習慣を育てることは十分に出来る。と同時に、国際会議の人権委員会がどれほど声を大にして語ろうと、人の心の習慣を正し育てることは極めて難しい。……人を人とするもの（すなわち互いに共通して持つ人権を互いが尊ぶ）は、幼少時を包みこむ温かい思いやりの父や母や、不幸にして彼ら不在のさいには代わって幼い者たちのそばに立つ人々の、つくり出す善き雰囲気と心の習慣なのである。……」（1993年3月15日12版）

　少し長い引用になりましたが、私たちの研究が啓発され心打たれた論説でした。この思いのもとに、その後12年間こつこつと思いやり研究会では、「思いやりが育つ保育実践」を追求し続けてきました。このたびは、5人の女性メンバーで勉強会を重ねながら、本書を書き上げました。これからも、勉強会を通して、子どもが幸せに育ち、平和な世界が築かれることを心から願いつつ、子どもが育つ地域や家庭、施設に「思いやりの育ちについて」発信を続けて行きたいと願っています。

　最後になりますが、本書の校正ならびに適切なご助言をいただいた萌文書林の金丸浩・田中直子両氏に心から感謝申し上げます。

「大きくなっていく」子どもたちの未来を見つめつつ

　2005年3月　春に心を寄せて

著者を代表して

長山　篤子

「思いやり研究会」メンバーおよび協力者（園）

　本書は、以下の多くの方々に支えられ、つくりあげられています。特に、この内容に関わったこれまでの以下の「思いやり研究会」のメンバーの方々の力によってつくりあげたものです。

〈思いやり研究会メンバー〉

平井信義	大妻女子大学名誉教授
青木恭子	元宝仙学園短期大学非常勤講師
秋山光孝	中新井幼稚園園長
田島昌子	彰栄保育専門学校非常勤講師
千羽喜代子	大妻女子大学名誉教授
中川英一	東北文化学園大学教授
永田陽子	日本女子大学付属豊明幼稚園教諭
長山篤子	聖学院大学特任講師
帆足暁子	ほあし子どものこころクリニック副院長
帆足英一	ほあし子どものこころクリニック院長

　2章の観察や調査を実施するにあたり以下の幼稚園に協力していただき、保育者の貴重なご意見やたくさんの資料をいただきました。心から感謝いたします。またこの資料の統計処理をし、解析するにあたっては大妻女子大学人間生活科学研究所発達環境第2部門大沢精二教授にご指導をいただきました。心から感謝いたします。

〈観察・調査協力園〉

　武蔵野相愛・彰栄・ひまわり・浦和母の会・麗和・東洋英和かえで・原町田・塩尻めぐみ・山梨英和・石和英和・聖学院みどりの各幼稚園・社会福祉法人共に生きる会　川和保育園

執筆者

千羽喜代子	（ちばきよこ）	大妻女子大学名誉教授
長山篤子	（ながやまあつこ）	和泉短期大学特任教授
帆足暁子	（ほあしあきこ）	ほあし子どものこころクリニック副院長
永田陽子	（ながたようこ）	日本女子大学付属豊明幼稚園園長
青木恭子	（あおきやすこ）	元宝仙学園短期大学非常勤講師

※執筆箇所はもくじに記載

【本文イラスト】西田ヒロコ

【写真】細川ひろよし（装丁、1・2・3章扉）、青木恭子（4章扉）

【装丁】レフ・デザイン工房

思いやりが育つ保育実践

2005年5月21日　初版発行 ©
2010年7月10日　第2刷

著者代表　千羽喜代子
発行者　服部雅生
発行所　㈱萌文書林

〒113-0021 東京都文京区本駒込6-25-6
tel(03)3943-0576　fax(03)3943-0567
(URL)http://www.houbun.com
(e-mail)info@houbun.com

〈検印省略〉

印刷/製本　シナノ印刷（株）

ISBN 4-89347-086-8 C3037